主编简介

赵志军 二级教授，博士，博士生导师，现任吉林体育学院党委书记。国务院政府特殊津贴专家，吉林省教学名师，吉林省资深高级专家，吉林省有突出贡献中青年专家，教育部义务教育检测项目办公室专家组成员，中国教育管理学学会副会长，吉林省教育学会副会长，中共吉林省委决策咨询委员会社会组组长。

高校校园文化建设成果文库

“三创”精神
融入办学育人全过程

主　编◎赵志军

副主编◎李微微　夏　丹

光明日报出版社

图书在版编目（CIP）数据

“三创”精神融入办学育人全过程 / 赵志军主编 .
-- 北京：光明日报出版社，2018. 1
ISBN 978 - 7 - 5194 - 4120 - 3

Ⅰ. ①三… Ⅱ. ①赵… Ⅲ. ①体育院校—学校管理—研究—吉林 Ⅳ. ①G807. 4

中国版本图书馆 CIP 数据核字（2018）第 061240 号

“三创”精神融入办学育人全过程

“SANCHUANG” JINGSHEN RONGRU BANXUE YUREN QUANGUOCHENG

主　　编：赵志军

责任编辑：曹美娜　郭思齐　　　　责任校对：赵鸣鸣
封面设计：一站出版网　　　　　　责任印制：曹　净

出版发行：光明日报出版社
地　　址：北京市西城区永安路 106 号，100050
电　　话：010 - 67078251（咨询），63131930（邮购）
传　　真：010 - 67078227，67078255
网　　址：http：//book. gmw. cn
E - mail：caomeina@ gmw. cn
法律顾问：北京德恒律师事务所龚柳方律师

印　　刷：三河市华东印刷有限公司
装　　订：三河市华东印刷有限公司
本书如有破损、缺页、装订错误，请与本社联系调换

开　　本：170mm × 240mm
字　　数：181 千字　　　　　　印　张：11. 5
版　　次：2018 年 5 月第 1 版　　印　次：2018 年 5 月第 1 次印刷
书　　号：ISBN 978 - 7 - 5194 - 4120 - 3

定　　价：68. 00 元

目　录
CONTENTS

引　言

纵观改革开放30多年来我国经济、政治、文化、社会、生态等方面的建设与发展探索，我们总能发现，创新精神、创业行动与创优意识始终是推动国家不断发展的内在要求，始终是促进中华民族生生不息、奋发有为的不竭动力。创新精神、创业行动与创优意识的传承与弘扬需要不断培养具有创新、创业与创优观念和能力的人才，不断开展具有能够生成创新、创业与创优理念、品质、能力的教育。

吉林体育学院紧跟经济社会发展步伐，始终致力于办学思想和育人理念的与时俱进，实施全方面、多角度，由小到大、由校内到校外的"创新、创业、创优"（简称"三创"）教育全覆盖体系，打造"三创"精神融入办学育人全过程的办学特色。"三创"精神是源自创新、创业、创优内在精神的高度集成。创新不仅指科技创新，还包括观念、理论、管理、服务创新等；创业不仅指个人创办企业，还包括开创事业、建功立业、合作创业等；创优包括人品、作品、产品、服务创优。吉林体育学院面对经济社会发展需求，主动调整、主动适应，把培养学生创新精神、创业意识与创优品质纳入专业人才培养目标，在办学理念、培养方案、课程设置、课堂教学、实践环节、党的建设、行政管理、科技创新、校园文化建设全面融入"创新、创业、创优"精神。吉林体育学院通过强化"三创"教育，培养具有创新、创业、创优精神和能力的应用型、复合型高级专门人才，凸显了办学特色，提高了育人质量，加快了事业发展，荣获了"全国文明单位"称号。

第一章

高校实施“三创”教育的必要性

面对未来社会发展的挑战，我们亟须有效转变经济发展方式，促进教育与社会的和谐互动。对于高校来说，基本的措施就是在办学育人全过程实施“三创”教育、树立“三创”精神、培养“三创”人才，从而带动更广泛的全民创新、创优、创业品质的形成。创新、创业与创优教育的系统化集成和体系化构建不仅是教育本身发展的必然要求，而且也是在实现中华民族伟大复兴的进程中经济发展、政治文明、文化繁荣、社会进步与环境优化的必然要求，有着深刻的历史必然性和现实必要性。

第一节　实施“三创”教育是经济发展的必然要求

改革开放以来，以经济建设为中心的国家发展战略一直影响着我国社会的整体发展，在改变经济落后面貌的同时也在不断呼唤能够为经济发展提供具有创新、创业与创优品质的人才。人的因素是经济发展的第一要素。人才的培养来自教育，什么样的教育就会培养什么样的人才，教育的目标、规格、内容、过程与方法等都影响着人才的成长。为此，我们试图从经济发展中的产业升级、深化改革和效益提升三个维度审视“三创”教育的必要性。

一、产业升级需要“三创”教育提供创新驱动

“以农立国”是我国经济发展的原始产业特点，这种以农业为主要产业的传统产业格局是由中国特殊国情以及长期发展的历史特点所决定的。然而，社会主义

现代化建设不仅需要农业作为国民经济发展的基础，而且更加需要工业、建筑业等第二产业，服务业、旅游业、食品加工等第三产业的发展。新中国成立以来，以传统工业特别是重工业为主导的经济发展格局在很长一段时期都深刻影响着国家发展，这对新中国成立初期国民经济基础的巩固、基础工业的发展都具有现实意义。然而，单纯地以工业、建筑业等第二产业为主导的经济发展模式仅仅注重发展速度而极易忽视资源保障、社会发展、环境优化和人的全面发展，不可能维持可持续发展。因此，我们急需调整经济发展理念，由粗放型向集约型转变，由以第二产业带动向第一、第二、第三产业协同拉动转变，由以投资拉动为主到以创新驱动为主，由以规模、速度型向效益和质量型转变。这样的产业升级需要极大的勇气和智慧，更需要创新精神、创新能力、创新成果为经济转型升级提供内生动力。当前，中国经济发展进入新常态，工业进入 4.0 时代，互联网、物联网、大数据催生智慧工厂。为此，党的十八届五中全会提出创新、协调、绿色、开放、共享"五大发展理念"，这是关系我国发展全局的一场深刻变革，这场变革具有重大现实意义和深远历史意义。因此，新时期经济发展与产业升级需要实施"三创"教育，培育大批具有创新、创业、创优能力的科技和管理人才，为实现经济结构的战略性调整奠定人才基础。

二、全面深化改革需要"三创"教育提供动力和保障

三十多年前，中国共产党在邓小平同志的推动下开启了中国全面实施改革开放的历史新时期，改革无疑是这三十多年来我国经济社会发展的动力源。今天的中国，改革开放的广度和深度以及内外环境都发生了巨大变化，中国已进入全面深化改革的重要历史时期。正是在全面深化改革的进程中，中国特色社会主义道路越走越宽阔，民族复兴的美好前景越来越清晰。而所有这些都要求我们坚持全面深化改革不动摇，在坚持经济结构战略性调整的过程中不断深化经济体制改革、政治体制改革、文化体制改革等一系列具有深远影响的改革。全面深化改革是一场深刻创新和伟大创业。人民是国家的主体，全面深化改革迫切需要人民群众的支持和参与。观念是行为的先导，努力使广大人民群众树立创新、创业、创优观念，是全面深化改革取得成功的必要条件。安于现状、畏缩不前、因循守旧、抱残守缺的观念必然会阻碍改革的全面深化。这就需要发挥教育的积极作用，通过

开展创新、创业、创优教育，培养人的改革创新精神、艰苦创业意识和勇于创优的意志。有了人民群众的创业动力、创新渴望及创优行动，全面深化改革才能够得以顺利推进。可见，全面深化改革需要“三创”教育提供动力和保障。

三、质量效益提升需要“三创”教育提供创优引领

质量和效益是经济发展的生命线，没有质量和效益的经济发展只能是短命的。但在竞争日趋激烈的时代，如何提高经济发展效益成为国家相关部门、企事业单位开展工作和经营性行为的核心追求。于是，部分地方政府以 GDP 为唯一衡量标准，盲目追求经济发展的速度，结果不仅造成大量的能源资源浪费，而且造成了严重的环境破坏、生态失衡，水、空气等都遭受到不同程度的污染；一些企业为了追求经济效益，致使“毒奶粉”“毒大米”“地沟油”“速成肉”等纷纷进入消费者口中，危害着百姓的身体健康。可见，绿色发展理念、官员和企业家的高尚品德、商品的高质量是当今社会经济健康发展的重要保障。那种以环境甚至生命为代价的经济发展最终只能以牺牲人类本身而告终。这就要求社会各个方面牢固树立创优意识，以创优为前提真正提升经济质量和效益；这就需要加强“三创”教育，特别是创优教育，在人品、产品、作品等方面全面创优、提质增效，为质量效益的提升提供创优的理念、知识、人才和社会氛围。

第二节　实施“三创”教育是文化建设的必然要求

文化建设是支撑国家发展的“软实力”，一直得到国家的高度重视。加强文化建设也是我国全面建设总体布局的重要组成部分。文化建设并不是固守传统文化，而是创新、发展、优化中国文化，在文化建设中培养起中国人奋发进取的精气神，彰显出中国气派的真善美。创新、创业、创优教育在中国文化建设中肩负重要使命。

一、创新教育是文化建设的重要因素

创新是文化繁荣发展的力量之源。作为文明古国，我国以悠久的历史、灿烂

的文化而著称。从茫茫戈壁中的大漠飞天,到白山松水间的萨满祭奠,从椰风海岛旁的渔舟唱晚,到蒙古草原上的那达慕大会……舞蹈、音乐、壁画、石窟、剪纸、根雕、鱼皮衣服、精美玉器、四大名著、唐诗、宋词、元曲等不同形式的文化符号在显示中华文化丰富多彩的同时,也充分表明文化建设的异彩纷呈、文化发展的繁荣景象。文化,是人类所特有的社会活动的产物,在彰显人类生产生活的原生态面貌的同时,也在与时俱进地反映发展变化的社会现实。文化来源于生活,但却总能以超越于生活的方式呈现出来。生活的变迁呼唤文化的创新。一件优秀的文化作品,一首动听的乐曲,一场令人拍案叫绝的舞台展演,都是创作者们辛勤劳动、长期生活经验积淀的成果,也是人类不断创新的成果。因此,旨在培养具有创新精神、生成创新品质的创新教育,将会推动文化建设的持续进行。

二、创业教育是文化建设的基本要求

文化的发展之所以能够成为经济和社会发展的内在动力,正是因为文化建设不仅从精神层面提供了创新动力,而且也从现实层面提供了开展创业行动的客观因素。这种客观因素主要体现在创业文化的塑造上。创业文化是创业意识培育、创业行动生成的外在因素,也是能否成功守业的重要因素。积极向上的创业文化能够推动个体形成创业意向,并将这些意向不断地转化为现实行动,最终形成成功创业的局面。当前正处于销售增长期的淘宝网之所以能保持较高的增长幅度,正在于马云的团队里融入了许多具有创业热情的青年人,这种创业文化不断激发团队成员接续进行创业,而绝非固守现有方案。于是,天猫网、支付宝衍生产品等相继被推出,并被社会广泛认可。很多人都将马云视为时代精英,其实马云只是我们这个时代中能够快速而准确识别创业契机的一个人,更为重要的是这个时代赋予每个人更多的是一种敢于创业、善于创业、乐于创业的创业精神,而这恰恰是文化建设对创业教育所提出的基本要求。

三、创优教育是文化建设的主要内容

究其实质而言,文化本身具有持续性、超越性的特点。前人所写的词作诗赋、所创作的音乐舞蹈、所建造的亭台轩榭、所构建的价值体系、所形成的知识结构,后人总是以自己的方式去解读并试图创造出更好的作品来,这种持续性和超越性总是在不断推动文化本身的延续、发展和繁荣。然而,那些低沉萎靡、腐朽没落的文化也没有完全消失,而总是以时代化的方式呈现在世人面前——“电脑算命”“科学测字”“大数据预测人生”等伪科学的持续出现恰恰表明,文化的进步总是伴随着对腐朽文化和落后文化的清理与抵制,文化的正能量和负能量总是在进行激烈的较量。如何辨别和选择则成为社会文化建设的关键。为此,必须积极开展创优教育,引导青少年树立创优至上的社会主义核心价值观,在人生的道路上立志追求创优的人品、创作优秀的作品、制造优质的产品。只有这样,才能保证我们所培养的人才具有优秀的品质,才能真正发挥教育对全社会创优文化建设的辐射作用,为国家文化建设提供创优的精神内核和方向引领。

第三节　实施“三创”教育是优化环境的必然要求

教育发展是在一定的环境中进行的,环境的质量、规格直接影响着教育发展的程度;而教育发展的过程也在一定意义上影响着人和社会的发展,进而对环境产生重要的影响。因此,在这种“教育—环境”的发展链条中,只有具备创新、创业与创优品质的教育才能对环境产生积极的正能量,促进人对环境的适应。而多变的国际环境、复杂的国内社会环境以及脆弱的生态环境也在不断呼唤“三创”教育的持续进行。

一、多变的国际环境呼唤“三创”人才培养

当前,我国正处于复杂多变的国际环境中。冷战结束后,某个国家成为世界上唯一的超级大国,该国正在经济、政治、军事等诸多领域占据在全球多处实行霸权主义、强权政治。阿富汗战争、伊拉克战争等局部冲突都与其有着直接或间接的关系,而朝核问题、中东问题、乌克兰问题等国际政治问题久拖不解也与之难逃干系。与此同时,中国与菲律宾、越南等周边国家的海洋边界问题,日本右翼势力的持续反华、军国主义的战争准备、教科书问题的纠结等都在很大程度上对中国的经济发展产生阻碍作用。虽然我国与俄罗斯已经建立起全面战略性伙伴关系,但中俄在很多领域的竞争性冲突也不断发生。在这样诡谲多变的国际形势中,我

国要想紧紧抓住21世纪前二十年的重要战略机遇期，全面建成小康社会，必须实施积极有效的外交战略。

二、复杂的社会环境呼唤"三创"教育发展

面对多变的国际环境，我国国内的社会环境也逐渐进入更加复杂的状态。而更多人以善良之举扶持着社会的正义和良心，也让我们看到了很多正能量。面对如此复杂的社会环境，我们不仅要以现有的舆论方式呼唤人性的回归与社会的公平正义，而且还要依靠教育来逐渐改善社会的文明程度。为此，创新教育可以为社会环境的改善提供新的思路和方法论，创业教育可以为社会环境的变革呈现创造与革新的社会风气，而创优教育可以为社会环境的发展创设和树立优秀与优质的永恒追求。

三、脆弱的生态环境呼唤"三创"理念嵌入

绿水青山就是金山银山。人文环境渗透着人的因素，人类发展的进程都与人文发生着直接或间接的关系；而生态环境所呈现出的自然性与客观性，正呼唤人类以全新的方式理解生态环境的当下处境。当前，我国生态环境正呈现出总体恶化、局部改善的整体状况，具体表现如下：

水土流失十分严重：统计表明①，中华人民共和国成立初期，我国水土流失面积约为116万平方千米，而根据1992年卫星遥感测算，我国水土流失面积为179.4万平方千米，占全国国土面积的18.7%；

沙漠化迅速发展：北方地区沙漠、戈壁、沙漠化土地已经超过149万平方千米，约占国土面积的15.5%，目前约有5900万亩的农田、7400万亩草场以及2000多千米铁路正受到沙漠化的威胁；

生物物种加速灭绝：据保守估计，我国的植物物种中约15%～20%处于濒危状态，仅高等植物中濒危植物就高达4000种以上，而大熊猫、东北虎等很多珍贵野生动物的分布区域正显著缩小；

大气污染严重：作为以煤炭为主要能源的耗能大国，我国每年产生的废渣就

---

① 引自林业科学院2009年12月23日创建的百度百科词条，[DB/OL]

已超过5亿吨，每年北方采暖期燃烧煤炭所产生的粉尘、二氧化碳等污染物正成为大气污染的主要因素；

除此之外，地下水位下降、水体污染加重、草原退化等受人口压力、工业化压力以及市场压力等因素影响，正呈现出日益严重的状况。这些由经济和社会发展所带来的生态环境问题正反过来威胁着人类的生存和发展。解决这些难题，必须树立绿色发展的理念，创新发展模式，推动工业、企业通过技术革新等手段进行二次创业，不断追求更加优质、高效的发展模式。而这就要求创新、创业与创优理念深度嵌入到改善生态环境的过程中，依靠管理创新、科技创新提升产业层次、产品质量、管理水平和经济效益，用“三创”理念引领经济社会发展方式的根本变革，优化经济结构，保护生态环境，实现绿色发展。

第四节　实施“三创”教育是教育回归的必然要求

邓小平曾经说过：“教育是一个民族最根本的事业。四化建设的实现要靠知识、靠人才。政策上的失误容易纠正过来，而知识不是立即就能得到的，人才也不是一天两天就能培养出来的，这就要抓教育，要从娃娃抓起。”①我国的教育事业发展到现在，已经取得了举世瞩目的成就。然而，教育在关注学生的个性化差异、综合素养培育、教育治理现代化等方面还需要不断深化改革，这就需要将创新教育作为教育活动的生命、将创业教育作为教育发展的使命，并将创优教育作为教育改革的本质。

一、创新教育是教育活动的生命

教育活动是一项具体的系统性操作过程。正是在这些教育活动中，受教育者接受来自学校、家庭和社会的价值观引导和知识教育。然而，当前所进行的很多教育活动却出现了虚假化、功利化以及程序化的状况。一是社会教育呈现出虚假化的状况。很多社区对青少年进行教育时，只是设置了一些宣传板、活动室，而没

① 中共中央文献研究室：《邓小平论教育》，人民教育出版社，2004年第三版，第176页。

有对所辖社区内青少年进行行之有效的教育,这与我国社区教育功能的设置有关。很多少年宫和青年宫尚没有从传统的知识传授中走出来,对青少年的教育还在沿袭知识教育。二是学校也往往难以开展有效的教育活动,表现出功利化的趋势。受制于考试等外在因素,很多中小学往往更重视学生的智育,以提高学生的学习成绩,进而提升学校的整体竞争力。因而在这样错误的观念误导下,很多学校所开展的教育活动往往呈现出较强的功利化特点。三是很多家庭开展的教育具有程序化的特点。在当前这样一个少子化或独子化的时代里,“2 + 1”“6 + 1”的家庭模式使得青少年成为家庭的核心,对青少年的教育也往往是走走过场罢了,对青少年的成长并未起到应有的作用。因此,我们需要社会、学校及家庭开展积极有效的教育活动,尤其要促进培养青少年的创新意识,只有这样的教育才是富有生机和活力的教育。

二、创业教育是教育发展的使命

现代教育发展表明,教育本身是为人的终身发展服务的,而不仅仅是学校教育这样的短暂时期。从这个角度看,将普通教育与职业教育分开无疑是对教育发展过程的一次误解。从学前教育到小学教育,从初中教育到高中教育,在我国的基础教育体系中,知识学习与价值观引导占据了很大的成分,而青少年职业意识的培养、职业生涯的规划基本处于停滞状态。在这样的基础教育之后,却让青少年接受具有职业选择特点的高等教育,无疑会弱化青少年的职业感知度。当前,很多行业都出现了“职业倦怠(burnout)”。具有这种“职业倦怠”的人往往很容易出现情绪性耗竭的症状,是个体不能顺利应对工作压力时的一种极端反应,也是个体伴随长时段压力体验下产生的情感、态度和行为的一种衰竭趋势。产生“职业倦怠”的缘由虽然很多,但选择什么样的职业、如何面对自身所选择的职业与接受教育时的职业倾向有关。为此,教育发展理应为人的职业选择提供依据。当前,职业教育已经不仅仅满足于对职业的选择等应对性的层面,而上升到如何创业、营业、守业等的“创业教育”新阶段。因此,教育发展应更加重视创业教育的有效实施。

三、创优教育是教育改革的本质

随着经济和社会的发展，教育作为培养人才、提供社会服务、传承文明的重要载体，发挥着引领性和前提性的重要功能。一般而言，教育发展到什么程度是与经济和社会发展相匹配的，没有经济发展提供一定的物质基础，便无法形成教育发展的崭新模式。然而，教育本身所培养的人才以及整体教育发展有一个长期的形成过程。因此要想培养符合时代发展要求的人才，必须实施教育优先发展战略，把教育摆在优先发展的战略地位，切实深化教育改革。《国家中长期教育改革和发展规划纲要(2010－2020)》指出：“要把改革创新作为教育发展的强大动力。教育要发展，根本靠改革。要以体制机制改革为重点，鼓励地方和学校大胆探索和试验，加快重要领域和关键环节改革步伐。”不难发现，教育改革就是要在优先发展的过程中不断实现教育本身的优质化，进而培养优秀的学生。从这个意义上说，创优教育无疑是教育改革的本质追求。

第二章

实施“三创”教育的针对性

创新、创业与创优教育的高度集成不仅有着国家、社会和个体的多维度需求，而且也是教育本身发展的必然要求。实施“三创”教育正是针对当前我国教育改革和发展过程中出现的诸多问题而进行的一种行之有效的重要举措。通过“三创”教育，能够增强中华民族的创造力，化解教育内容不完善的难题；能够增强教育服务经济社会发展的能力，化解教育功能不适应的困惑；能够增强学校文化的辐射力，化解校园文化滞后的难题。因此，大力实施“三创”教育对我国教育事业将产生积极而深远的影响。

第一节　化解教育内容的不完善难题

学校教育是影响人一生的重要方式，也是为经济和社会发展培养人才的基本途径。而这样的教育必定是具有科学而完善的教育内容，能够为人才成长提供德智体全面发展的客观条件。然而，当前我国学校教育内容尚不完善，缺乏创新型人才培养的具体操作内容。为此，应不断改进创新教育、深化创业教育、推动创优教育，进而为增强民族创造力提供有力保障。

一、以“三创”教育改进创新教育

在知识经济的时代中，以知识创新和技术创新为主导的创新体系成为推动经济发展的引擎。正如国际21世纪教育委员会在1996年的著名报告《教育——财富蕴藏其中》所写的那样：“教育的任务是毫不例外地使所有人的创造才能和创造潜力都能结出丰硕的果实……这一目标比其他所有的目标都重要。”①然而，我国当前教育发展过程中的诸多因素与知识经济所倡导的创新尚不能完全适应，难以推动知识经济社会的形成。为此，大力开展有建设性意蕴的创新教育尤为重要。虽然很早人们就认识到“创新”对于教育以及人才培养的重要性，但对“创新教育”的界定大多是描述性、操作性的，但没有具体地进行界定。朱永新在《创新教育论纲》中对“创新教育”的理解被学术界所广泛认可，他认为：“创新教育也就是根据创新原理，以培养学生具有一定的创新意识、创新思维、创新能力以及创新个性为主要目标的教育理论和方法，重在学生牢固、系统地掌握学科知识的同时发展他们的创新能力。”②可见，创新教育并不仅仅是对学生创新能力和创新精神的培养，而且还要求培养学生创新精神的现实化处理的能力和追求更高标准的能力，也就是一定意义上的创业能力和创优能力。因此，“三创”教育系统化实施正是针对创新教育的不足而做出的一种正确抉择，能够改革传统创新教育实施的片面性和单一性。

二、以“三创”教育深化创业教育

当前，创业教育正受到从未有过的重视，很多高校都在积极开发大学生的创业潜能，不断发挥高校自身集聚的资源优势，采取了开办创业产业园、创业孵化基地等各项有针对性的措施。然而，新时期的创业教育在发展过程中也表现出诸多难以回避的问题。

一是创业教育的主体性容易被忽视。当前创业教育研究过于重视创业教育的宏观需要，对创业教育主体的反思与追问明显不足。而创业教育的目标是通过创业的举动来达成的，如何调动人的主动性、积极性和创造性才是实现创业的真正前提。提升创业品质、凝练创业精神都离不开对创业主体的密切关注。

二是创业教育的整体性容易被忽视。新时期的“教育”事业已经远远超出了“学校教育”的狭义范畴，社区教育与家庭教育的有效统一更成为新课程改革的内涵指向。因此，不同学段中的创业教育需要加强学校、社区与家庭之间的契合，整

① 联合国教科文组织总部：《教育——财富蕴藏其中》，教育科学出版社 1996 年，第 6 页。
② 朱永新，杨树兵：《创新教育论纲》，《教育研究》1999 年第 10 期。

体构建符合学生身心发展的创业教育空间格局,使社会的创业意识、创新精神引导与家庭的创业需求、创业激励辅助学校创业教育教学全过程。

三是创业教育的民族性与时代性容易被忽视。某种意义上,人类发展的历史就是一部克难攻坚、顽强抗争的创业史。人类不断开创家业、事业,乃至建立国家。中华民族自古以来便有创业的优良传统。虽然隐藏于这些创业历程背后的创业动机各不相同,但回顾并反思中华民族自身的创业史,总结和凝练这些创业经验,对于今天的创业教育有着极其深刻的启示与影响。这种影响说到底是人自身的精神动力与民族性格的反映,是一个民族自身独有的思维品质与发展渴求。因此,在创业教育理论研究不断深化的时代背景下,有必要进行创业教育史的深度挖掘,充分关注创业教育的民族性与时代性。

四是创业教育的学段性容易被忽视。教育发展的整体过程表明,教育对象在不同学段适用不同程度和深度的教育内容、教学方式,创业教育理应注意到教育对象这种特征。而当前创业教育的重心还仅仅局限于普通高校或高职院校,学前教育、基础教育阶段的创业教育明显处于起步甚至空白阶段。建设创新型国家,更新创业教育理念,亟须整体化构建创业教育体系,将创业教育融入学前教育、初等教育、中等教育及高等教育全过程,真正实现创业教育精神培育与创业人才培养的全程化、体系化,将创业教育由“一时之需”内化为“自觉选择”,使创业教育能够真正关照到处于不同阶段的个体。

五是创业教育中问题的生成性容易被忽视。创业教育研究长期以来密切关注创业教育中的理论问题与创业经验总结,然而对于创业、创业教育过程中所生成的问题却未能给予及时而有效的关注。对于既有问题的进一步理解有助于深化创业教育理论研究,生成创业教育新的研究命题,从而形成有关创业教育理论群集。然而,那些经过建构的问题在被推演的过程中,问题研究本身很容易产生与实际生活脱离的状况。马克思主义认为,“理论需要是否会直接成为实践需要呢? 光是思想力求成为现实是不够的,现实本身应当力求趋向思想”。① 创业的过程充满艰辛与挑战,既有的理论假设与问题情境往往被现实中出现的问题所突破。因此,创业教育要着重处理好教育过程中生成性的问题,及时化解潜在的矛

① 《马克思恩格斯选集(第一卷)》,人民出版社 1995 年,第 11 页。

盾,从而增强创业教育的实效性与针对性。①

基于当前我国创业教育所存在的这些问题,我们不能单纯实行传统的创业教育模式,而理应追求更优质、更能反映创业者实际的教育模式,不断增强学生的创新精神,进而深化创业教育。

三、以“三创”教育推动创优教育

创优品质是各级各类教育发展的终极追求。只有不断实现创优教育与优质人才的有效生成,才能优化创业理念,促进社会的和谐发展。创优,不仅是要培养和强化自尊心、自信心,实现个人或组织实力的持续增长与优质标准的逐步提高,而且是实现有效创业的根本动因,是对创新与创业的质的规定。追求美好生活是人类永恒的追求,而美好生活必定是相对优质的生存状态。我们需要抛弃那种劣质型与普通(合格)型的创新与创业,实现创新与创业的优质化。而这就要求我们重新审视教育发展过程中所出现的“评优”“选优”问题。在分数已经逐渐褪去神秘面纱,仅仅是衡量标准之一的时代背景下,实施创新、创业与创优教育正是要积极推动创优教育的有效变革,真正发挥教育对社会发展的引领性功能。

第二节　化解教育功能的不适应困惑

教育之所以形成,正在于人类自身需要借助习得一定的规则、经验和知识来形成生存、生长和生活的本领,进而融入一定的社会关系中,拓展自身的才能,并对社会和组织的发展产生积极的推动作用。因此,教育本身便具有培养人才、科学研究、服务社会和文化传承与创新四个基本功能。然而,当前我国教育已经在很大程度上难以适应经济社会发展的需要,必须重新从功能角度审视教育改革的深度和广度,通过整体推进创新、创业与创优教育提升教育服务经济社会发展能力和长效性。

---

① 张聪,赵志军:《新时期的创业教育:起点、问题及图景初探》,东北师大学报(哲学社会科学版)2012年第4期,第239－240页。

一、实施“三创”教育可以充分发挥学校的育人功能

人才培养是教育发展的第一要务。国家高度重视教育对人才培养的重要作用,不断致力于创新人才培养方式、形成人才辈出的社会发展格局。《国家中长期人才发展规划纲要(2010－2020)》明确指出:“我国正处在改革发展的关键阶段,深入贯彻落实科学发展观,全面推进经济建设、政治建设、文化建设、社会建设以及生态文明建设,推动工业化、信息化、城镇化、市场化、国际化深入发展,全面建成小康社会,实现中华民族伟大复兴,必须大力提高国民素质,在继续发挥我国人力资源优势的同时,加快形成我国人才竞争比较优势,逐步实现由人力资源大国向人才强国的转变。”在这样的时代背景下,培养经济社会发展所需要的各种类型的人才,就必须大力实施创新、创业与创优教育,拓展人才所具有的创新意识,提升人才的创业本领,引领人才朝着更加优秀的方向发展。只有这样,教育才能真正发挥培养人才的基本功能。

二、实施“三创”教育可以切实增强学校的科研功能

科技是第一生产力,教育之所以能对经济社会发展产生重要贡献,正在于教育能够在很大程度上对科学研究具有积极的推动功能。当前,我国绝大多数高校都建立起科学实验室、国家重点实验室、国家工程实验室、教育部重点实验室、行业部委开放实验室、省级重点实验室等众多科学研究机构。这些机构承担了大量国家级和省部级的科学研究项目,取得了许多重大的高水平科学研究成果。这些科学研究成果通过技术转化,不断转变为能够引领经济和社会发展的现实动力。因此,教育要具有创新精神、创业行动和创优品质,只有这样的教育才能真正适应经济社会发展,并为其提供积极的正能量。

三、实施“三创”教育可以有效提升学校的社会服务功能

教育不是孤立的,而是处于整个社会关系中的一个结点。一所学校,需要社会提供水、电、书本等物质保障。没有社会的强有力支撑,学校教育便无法正常开展。同时,学校也担负着为经济社会发展服务的使命。教育活动在一定程度上带动了社会的文化建设与繁荣、促进社会文明与进步。将“三创”教育融入各级各类

教育之中，大力培养人的“三创”精神和“三创”能力，并通过多种途径将“三创”精神和“三创”能力辐射与传递到社会实践中，必将有力地增强社会的创新活力、创业动力和创优能力。从这个角度说，“三创”教育的开展能够更充分地发挥教育的社会服务功能。

四、实施“三创”教育可以更好地发挥文化传承与创新的功能

文化传承与创新是教育的另一个基本功能，也是教育过程之所以能够完成的基本要素。人类悠久的历史与灿烂的文明究竟是如何传承千年而不衰、不绝的呢？归根到底，在于人类自身生产生活的需要以及人类自身对于这些文明的再创造。然而，人类不是随意地进行创造，而是创造出那些符合社会发展客观实际、符合人类本身发展需要的文化成果并加以固化、传承。这样，那些优秀的文化就能够在人类的遴选中不断积淀，成为促进人和社会发展的“软实力”。当前，随着经济和社会的快速发展，暴、毒、黄、赌等事件与国家所倡导的先进文化格格不入。面对这种复杂的文化现象，教育要主动承担起反对腐朽文化、消除落后文化的使命，以创新的精神来传承和创新优秀的民族文化，以创业的行动来壮大我国文化产业实力、创造优秀的主流文化，以学习和创优的追求来吸收优秀的外来文化。而创新精神、创业行动与创优追求只有通过教育这一基本方式才能形成。因此，实施“三创”教育可以更好地承担起文化传承与创新的光荣使命。

第三节　化解校园文化的滞后性困境

学校文化是一所学校可持续发展的无形资源。如果校园文化，尤其是高等学校的校园文化不能与时俱进、校园创业文化虚弱、创优精神缺陷，必然导致校园文化的滞后性。因此，要适应时代要求，积极开展创新教育、创业教育与创优教育，不断增强学校文化的先进性和辐射力。

一、“三创”教育推动校园创新文化

随着大众化教育时代的来临，校园文化的育人功能越来越凸显。不断激发学

生的创新意识,成为校园文化建设的重要使命。然而,当前的校园文化建设遇到了诸多挑战。一些学校积极开展竞赛类校园活动,以选拔性为杠杆,忽视了为“弱势”学生展现自我才华提供平台及其自尊心、自信心的有效保护,致使多数学生产生了“消极”情绪;很多学校善于组织文化娱乐性活动,较少开展具有专业特点的科技性、学术性的文化活动,致使部分缺少艺术天分的研究创新型人才缺乏舞台,创新的天性得不到激发和展示;很多学校对纪律抓得很到位,但对个性化培养落得不实,致使学生的创新精神比较缺乏,个性发展得不到尊重。大众教育是以全体学生为教育对象,尊重每位学生的主体性和个体差异性,是促进学生全面发展的保证。强化“三创”教育,可以有针对性地解决校园创新文化虚弱的突出问题,以创新教育培养学生的创新意识和品质,以创业教育巩固创新教育成果,以创优教育端正和引领创新方向,使每个学生都会在“三创”教育中增强自信、健康成长。因此,实施“三创”教育,搭建全体学生成长的文化载体,有利于促进全体学生的全面发展,推动校园创新文化建设。

二、“三创”教育营造校园创业文化

创业教育是各级各类学校教育的重要内容。这是因为这里的“创业”是广义的,不只是创办企业,而是指开创和拓展一切事业、企业乃至家业;既可以是独创,也可以是集体合创。学校开展创业教育能够使创业意识、创业知识、创业技能和方法等深入学生心灵,并不断积淀成为素质,进而传承与弘扬创业文化。在学校教育中,教师是创业文化的创造者和传播者,只有具备有创业素养的教师,创业文化才能真正在校园中形成。学校创业教育可以通过对学生思想意识、价值观念的启迪、熏陶和影响转化为社会意识和社会文化。① 应该看到,长期以来,我国学校教育普遍性地缺少创造财富的价值导向,那种重视知识而忽视才能、重视集体而轻视个体、重视纪律而忽视胆识的教育现象普遍存在,对个体经济、民营经济等普遍存在着抵触的社会心理。因此,要从青少年的培养抓起,从校园文化建设入手夯实崇尚创业、扶持创业的社会文化基础,系统性建构贯穿各级各类学校的创新、创业和创优教育体系。只有“三创”教育的整体推进,才能真正为营造校园创业文

① 赵志军,《以创业教育张扬创业文化》,《吉林日报》2009 年 7 月 4 日第 7 版。

化打造坚实的教育基础，营造宝贵的创业文化氛围。

三、“三创”教育张扬校园创优精神

校园文化是学生成长的重要土壤，渗透在学校的教学、制度、建筑等各个方面、各个角落、各个环节。学校的党风、校风、教风、学风，无不影响着这校园的每个师生员工。当前，教学活动标准不高、科研活动弄虚作假、管理服务漫不经心的情况在学校随处可见。在这种文化环境下，学生慢待学业、轻视纪律和学术的尊严、做人做事做学问马马虎虎、得过且过自然难免。学校担负着为国家培养合格建设者和可靠接班人的神圣使命，能否造就千百万追求卓越的优秀人才、培养学生志在一流的优秀品质，是衡量教育质量的重要尺度。因此，积极开展“三创”教育，尤其是创优教育，大力营造崇尚创优、志在一流的校园文化氛围，对于培养学生的创优素质、建设学校的创优文化、扭转创优意识不强的教育局面具有重要的现实意义和深远的历史意义，这是克服我们文化短板的必然选择。

第三章

“三创”教育的本质

任何一种理论形态的生成、演变和更迭都有其必然的历史因素、社会因素以及时代因素。“三创”教育理论形成和发展亦是如此。在探讨“三创”教育何以形成及如何发展之后，我们有必要将“三创”教育理论进行系统性阐释，以期进一步明晰“三创”教育的内涵、本质以及基本理念。

第一节 “三创”教育内涵

历史唯物主义表明，任何一种人类的认识都来源于人类的生产生活，都与人类本身的经验有着十分密切的关系。“三创”教育植根于当代社会发展的实际，生成于人类自身的社会实践，对这一教育理论的深入探讨有助于深刻把握“三创”教育的本质。

一、“三创”教育的界定

“三创”教育是一种什么样的教育？“三创”教育理论又是一种什么样的理论？学术界对此意见不一，吉林体育学院对这一理论的认识也处于动态的生成阶段。由此，我们首先需要理清这一概念的基本界定问题。

（一）学术界对“三创”教育的理解

当前，学术界从不同维度对“三创”教育进行了深入探讨。其基本观点主要是以创造教育、创新教育、创业教育为核心的“三创”教育。这种观点认为，“三创”教育是创造教育、创新教育和创业教育的有机统一，是以精神和能力为核心的教育，是一种因材施教的教育，是充分发挥学生能动性的教育。① 这种教育就是要发挥以创新、创业和创造能力为核心的“三创”型人才培养模式，促进更多具有“三创”素质的人才脱颖而出。② 这种“三创”型人才是以学科教育为基座的，以通识教育深厚、综合素质高、专业适应性强为塔身的，以富有创造、创新精神和创业能力为塔尖的，复合型的、适合未来发展要求的高级专门人才。③ 对此，有的研究认为，实施“三创”教育，要形成“三创”教育入门、“三创”教育基础课、结合专业知识进行创造实践的“三段式”教学组织模式。④ 总之，学术界的理解总体上呈现趋同的学术认知，对“三创”教育理解着重于创新、创业与创造教育，而对于创优的品质养成缺乏必要的理论关注，这恰恰是学术界研究的一个盲点。

（二）科学化界定“三创”教育

学术界丰厚的先行研究提示我们，进行理论研究必须首先明确概念的理论内涵，尤其对关键性概念更需要进行科学化界定。对此，我们认为“三创”教育是系统化集成创新教育、创业教育与创优教育，在各级各类教育中长时段加以有效实施的一种教育理论形态和教育实践方式。“三创”教育是教育理论长期发展的重要结果，也是教育实践不断推进所形成的重要方式。提出并论证“三创”教育，已经在学术界达成共识，但对“三创”教育的不同理解也在一定程度上曲解了“三创”教育的应有之义，而这也恰恰是我们的研究所必须进行的重要出发点。

二、“三创”教育的定位

“三创”教育的提出并非空穴来风，也不是从理论上生搬硬造的一个概念，而是基于当前我国教育发展的实际而提出来的一种集成式教育理论，它具有基础性、实践性和科学性三个维度的特征。

一是基础性。“三创”教育是一种具有基础性的教育理论形态。一方面，其提出是对教育基本理论的一种创新。当前，我国教育基本理论研究开始转向“元研究”，即对最为基本的概念、命题和范畴等进行重新审视和理论界定。创新教育、

① 李文鑫等：《树立“三创”教育理念，培养“三创”人才》，中国高等教育 2002 年第 5 期。
② 李元元：《创新教育模式，培养“三创型”人才》，中国高等教育 2003 年第 23 期。
③ 衣俊卿：《对高等学校开展创业教育》，中国高等教育 2002 年第 10 期。
④ 张宏烈，顾晓华：《“三创”型人才培养模式的研究》，黑龙江高教研究 2006 年第 7 期。

创业教育与创优教育正是这样一种趋势中重新出现的,它需要我们反观这些概念本身的内在含义,还原这些概念之间的逻辑关系。另一方面,“三创”教育的提出来自教育实践的呼唤。在创新型人才培养踽踽不前、“钱学森之问”难以回应的背景下,如何提高创新教育的实效性成为关注的焦点,重新审视难以培养创新型人才的原因,势必涉及教育本身对于创新教育体系系统性构建的缺失问题,这也必然关系到创新型人才在创业过程中的展现、创优品质的形成等基础性问题。

二是实践性。“三创”教育具有较强的实践性,这是因为“三创”教育来源于实践,又要在实践中得以检验,并最终要应用于实践并在实践中不断调整和完善。改革开放三十余年来,我国基础教育、高等教育、职业教育等诸多领域都发生了巨大变化,如何创造性地培养创新型人才成为教育实践关注的焦点,然而什么样的人才是创新型的人才?创新型人才究竟如何培养?这些都需要在实践中加以探索与检验,将教育实践中得出来的宝贵经验加以总结提升,才能得出创新型人才成长的宝贵经验。近些年来,创新型人才的培养问题正与创业教育、创优教育相契合,需要从更宏观的视角审视创新型人才的生成。因此,实施“三创”教育是基于创新型人才培养的实践而提出来的。

三是科学性。“三创”教育理论的提出不是无中生有,而是严格遵循教育理论生成的逻辑以及教育实践的科学化探索过程。一方面,教育理论来源于教育实践,这种“来源”是对教育实践长期关注的结果,并科学化地反映出教育实践最为真实的意蕴和最为本真的知识底线。“三创”教育是一个复杂的领域,必须要仔细查清这些复杂现象背后的真实问题,才能为“三创”教育理论的提出提供最为真实的情境。另一方面,教育理论要在教育实践中得以检验并指导教育实践,这就需要科学化的程序和逻辑。一般而言,先学教育理论,然后再应用于教育实践,但学习什么样的教育理论直接影响着教育实践的结果。因此,必须积极关注“三创”教育理论指导教育实践的科学化程序。

三、“三创”教育的构成

“三创”教育是创新教育、创业教育、创优教育的系统化集成。这三者之间有着严密的科学逻辑和基本关系,主要体现在以下三个方面。

其一,创新教育是创业教育和创优教育实施的基本内容。创新,不仅是善于确立新的目标与期望、敢于突破极限的辩证发展过程,而且是实施有效创业的内在规定。“低位”创新、急于创新甚至“伪”创新掣肘全民创业的整体过程。缺乏真正创新精神的创业难以长足发展,也难以形成创优争先意识。因此,我们亟须抛弃保守型的创业意识,提升创新在创业、创优过程中的地位,以创新为路径实现成功创业和持续创优。

其二,创业教育是在创新教育和创优教育的支撑下实现的。历练创业能力、增强创业实力、丰富创业内涵是教育对人及社会发展的应有贡献。创业不仅指向开创一番事业,而且还包括在既有职位上进行开拓性工作、开创性谋划,进而在扬弃既有经验的基础上开辟新路,实现个体价值与社会价值的双重提升。就此而言,每个人都在成长历程中进行着微观“创业”并不自觉地成长为“创业者”。同时,创业教育如果仅仅满足于针对事业的开创进行教育,那么所创立的事业也难以有效地接续发展下去,为此还需要对所创建事业进行不断地创新与创优。离开了创新与创优的创业是不可能成功的。因此,创业教育一定是在创新教育和创优教育的支撑下实现的。

其三,创优教育是创业教育和创新教育发展的终极追求。只有不断实现优质教育与优质人才的有效生成,才能优化创业理念,促进社会和谐发展。创优,不仅是要培养和强化自尊心、自信心,实现个人或组织实力的持续增长与优质标准的逐步提高,而且是实现有效创业的根本动因,是对创新与创业的质的规定。追求美好生活是人类永恒的主题,而美好生活必定是相对优质的生存状态。我们需要通过抛弃那种劣质型的创新与创业,力求以人品创优、产品创优、作品创优实现创新与创业的优质化,进而实现人的自由全面发展。

第二节 “三创”教育本质特征

我们讨论“三创”教育的本质,必须首先明确教育是有其本质的。进入新世纪以来,教育理论研究的发展逐渐受到后现代主义的影响,出现了反本质主义的观点,认为教育本身并没有其特殊的本质,只是社会发展的一种知识呈现形态。有的学者提出:“说教育有本质或没有本质,都是正确的。说教育没有本质,是因为教育不是一种孤立的现象、一种孤立的活动，而只是无数的人类实践活动的泛称；教育只是一个家族的名称，而且其成员之间并不完全相同，只是具有家族相似性。但是，如果可以把一个家族的典型成员看作该家族的本质，那么，教育就有本质，如灌输、训练、交往、对话等。教育的家族本质论对教育理论和教育实践都具有重大的启示与意义。”①从这个意义上说，“三创”教育是以“三创”集成教育为基点、以“三创”集成嵌入为目标、以“三创”文化建设为根本、以“三创”精神辐射为使命的一种特殊的教育形态。

一、“三创”集成教育——“三创”教育的基点

系统科学研究表明，任何一个系统都有其相应的要素构成，但系统之所以形成，并非是诸多要素简单地累加和重叠，而是以密集的方式复杂地交织在一起。集成（Integration）作为这样的一种方式，就是将一些孤立的事物或元素通过复杂性地集中，生成其内部的联系，从而构成一个有机整体的动态化生成过程。“三创”集成教育，不是将创新教育、创业教育与创优教育简单相加，而是真正交织在一起的教育模式。

其一，创新教育的生成需要创业教育加以实施，并以创优教育为导向，只有集成了创业教育与创优教育的创新教育，才能真正为创新型人才的生成提供动力。其二，创业教育的有效实施需要打破原有创业教育的先天性缺陷，以创新精神强化创业教育的有效性，以创优教育提升创业教育的内在品质，“三创”教育才能真正加以集成。其三，创优教育并非仅仅是空泛化的品质提升，而是在创新教育的过程中进行优质化品质的培养，“三创”集成才能促进创优教育的最终实施。

因此，“三创”教育要想有效实施，必须认清其集成的内在逻辑，而这才是“三创”教育生成的基点。

二、“三创”集成嵌入——“三创”教育的目标

“三创”教育理论的提出最终要以嵌入教育实践为目标。这种“嵌入”不是将“三创”教育理论从外部强加给教育实践，而是以积极的态度融入各级各类教育。

① 张正江：《后现代反本质主义时代的教育本质观》，教育理论与实践2011第11期。

对于教育的顶层设计而言,国家在关于创新型人才培养的政策制定过程中,不仅要对创新教育进行权衡,而且还应对当前创业教育失效、创优教育实施不佳等相关问题予以考量,将创新、创业、创优教育基层融入顶层设计。只有这样,才能更加完善教育发展的顶层设计。对于学校教育发展的中层设计而言,各级各类学校在贯彻落实国家教育改革和发展规划的过程中,更应从自身实际出发,充分依靠学校发展的各类文化资源、历史资源、地域资源等,形成利于创新、创业和创优人才培养的课程与教学设计。对于教师和学生的个体发展而言,要充分体会到当今时代对于创新、创业和创优人才的需求,教师应不断提升自身的课程理解水平和课堂教学水平,学生也应高度重视自身创新精神的形成、创业行动的实施和创优品质的提升。总之,只有“三创”教育更好地实现集成嵌入各级各类教育实践,才能在实现“三创”教育目标的过程中,落实各级各类教育的时代责任和社会功能。

三、“三创”文化建设——“三创”教育的根本

文化是一个国家和民族的灵魂依托和精神家园,是一个国家发展和民族振兴的强大力量。“三创”文化是“三创”人才成长的必要土壤。实施“三创”教育最重要的目标是促进“三创”文化建设,形成“三创”文化环境,使“三创”理念、“三创”精神、“三创”意识浸入到学校、社会的各个方面、各个角落,使教师、学生和家长无时不在、无处不在地得到“三创”文化的滋养和熏陶,进而形成持久的“三创”文化推动力,这才是“三创”教育的根本。当前,大多数高校都不同程度地开展了大学生创业教育,一些全国性的大学生创业计划大赛对于增强大学生创业意识和创优能力也产生了广泛影响。然而,在大学校园,“三创”文化尚未成为一种稳定、主导的文化元素,崇尚创新、合作创业、宽容创业失败、鼓励自主创业、激励创优的氛围和制度尚未形成。究其原因,从某种程度上讲,在于目前的学校教育缺少对创业文化、创新文化和创优文化的积极关照。“三创”文化与“三创”教育是一个相辅相成的关系。就学校而言,承载“三创”文化内涵的学校制度文化、实物文化和校园文化影响着“三创”教育的效果。而开展“三创”教育最为根本的就是要大力弘扬“三创”精神,不断使“三创”深入学生心灵,逐步积淀成为人才成长的内在素质,从而为“三创”教育的实施营造良好的文化环境,也为教育改革和发展提供一

种具有针对性的空间。①

第三节 “三创”教育基本理念

教育理念是人们对教育发展的一种理性认识，是基于教育实践而表达出的一种教育的理想。② “三创”教育的基本理念，就是“三创”教育对于社会发展、人的培养和劳动生产所发挥的积极影响以及所产生的价值功效。

一、“三创”教育促进社会发展

“三创”教育之所以在社会发展中得以展现，是基于人类社会发展的不竭动力正是来源于创新、创业、创优，创新是发展领域的开路者，创业是发展空间的开拓者，创优是发展质量的提升机。

首先，人类社会发展正是在不断实现对自我的超越，在创新中寻求更好的发展可能、开辟前进道路。蒸汽机、航天飞机、宇宙飞船，每一项成就都伴随着新技术的海量产生，而这正是人类发现未知世界的重要途径。而由此带来新理论的生成，则在更大程度上提升了人类的智慧，使人类社会本身朝着更加宏伟的目标迈进。

其次，人类社会的每一次进步，都是对既有事业的突破，都是对经济形态的更新。阿里巴巴的出现，带动以“B2B”为核心的电子商务产业的出现，进而带动了“电商”的大批成长，以及物流产业的快速发展。可以说，马云的这种创业无疑具有划时代意义。而从更宏观的角度来看，创业是人类发展的必需，只不过创业的幅度和影响的深度不同而已。

再次，人类社会之所以生生不息而历久弥新，正在于人类对于真、善、美的不断追求。创造优质产品、打造优质生活，都是人类对于自身改善的一种探索。如

---

① 赵志军：《以创业教育带动创业文化建设》，《中国高等教育》2010 第 23 期。

② 陈平水，万碧波，韩敏：《教育理念的价值及其实现》，《山西大学学报（哲学社会科学版）》2010 第 5 期。

果没有优质化的核心诉求,以次充好、坑蒙拐骗,难以获得长久发展。因此,只有创优才能更好地促进人类社会发展。

二、“三创”教育促进人才培养

当前,我国正从人口大国向人力资源大国以及人力资源强国迈进。如果将人口压力转化为社会发展动力,需要教育予以深度开发。而这就需要大力开展“三创”教育。

人才学研究表明,善于创新的是人才,善于创业的是干才,而善于创优的则是英才。很多人对于新技术、新产品有着敏锐的前瞻意识,能够发现其中的商机,扩展业务,开拓市场。然而,如果仅仅跟随他人进行业务和市场的改换,那么,将永远停留在较低的层次。马云的成功不仅仅在于阿里巴巴的胜利,而在于后阿里巴巴时代,在于马云对于淘宝网的倾注,对于天猫网的开拓,对于支付宝乃至余额宝等新技术的研发。诸多“第一桶金”让我们感觉到,仅仅以创新是难以解释马云的成功的,这背后恰恰是马云不断地创业,没有片刻的停留;马云不断追求优质,做到行业的最优,而没有停留在原有水平上。从这个角度说,马云在不断超越自身的过程中塑造了一个电子商务时代的典范。在人力资源强国的建设过程中,我们需要千千万万个像马云一样具有创新精神、创业行动以及创优品质的人。而要想实现这一目标,就要大力开展“三创”教育,突破传统创新教育、创业教育以及创优教育各自独立的弊端,从而提升新时期我国人才培养水平。

三、“三创”教育促进劳动生产

马克思在《资本论》中对物质生产部门进行了重点考察,认为物质生产领域才是生产性劳动并创造了巨大价值,而绝大部分非物质生产领域的劳动属于非生产劳动,并不创造价值。很多研究者认为,这是马克思对于生产劳动研究的历史局限性。然而,我们不能以当今时代发展的状况苛求马克思的观点的完善性。时至今日,经济发展的形态已经出现了巨大变化。就人类劳动的结果而言,人类的创新产生出了大量新的劳动产品,使人类的劳动加工产生了无穷的价值,折射出人类自身的智慧和魅力。而人类的创业则将剩余产品进行了交换,在扩大的物物交换过程中不断实现商品的价值,从而形成财富涌流的繁荣景象。但是,如果只有产品和商品,尚不能满足人类发展的物质和精神文化需要。对于精品的呼唤则需要人类将自身的生产劳动予以提升,不断创造更多能够提升人类发展品质的精品。而要想实现这一目标,就需要不断实施“三创”教育。在学校教育中,设计符合经济发展趋势的“三创”教育课程和教学体系;在家庭教育中,引导未成年人树立创新、创业、创优的意识;在社会舆论中,积极宣传敢于突破传统、富有新意的行动与观念。只有这样,才能深入挖掘人类社会的“三创”教育资源,为国家和社会的改革和发展提供动力,使劳动的效率和质量大幅度提高。

第四章

“三创”教育要素体系

第一节 “三创”教育系列课程

我国高等学校的创业教育始于20世纪末，1998年清华大学学生发起并主办首届“创业计划大赛”，率先在国内管理学院中为MBA开设了“创新与创业管理”方向，还在全校本科生中开设了“高新技术创业管理”课程；1999年，国务院批准的《面向21世纪教育振兴行动计划》首次提出要加强对教师和学生的创业教育，采取措施鼓励他们自主创办高新技术企业。同年，《中共中央国务院关于深化教育改革全面推进素质教育的决定》公布，也提出“高等教育要重视培养大学生的创新能力、实践能力和创业精神”。在同年召开的第三次全国教育工作会议上更强调：要帮助受教育者培养创业意识和创业能力。21世纪初，教育部于2002年在清华大学、中国人民大学等9所大学开展有关创新创业教育的试点工作，这标志着我国高校创新创业教育进入了教育行政部门引导下的多元探索发展阶段。2010年，教育部下发了《关于大力推进高等学校创新创业教育和大学生自主创业工作的意见》，要求高等学校创新创业教育要面向全体学生，融入人才培养全过程。要在专业教育基础上，以转变教育思想、更新教育观念为先导，以提升学生的社会责任感、创新精神、创业意识和创业能力为核心，以改革人才培养模式和课程体系为重点，大力推进高等学校创新创业教育工作，不断提高人才培养质量。由此，我国高等学校创新创业教育进入新的发展阶段。

创新创业教育课程是创新创业教育的核心部分。新创创业教育课程必须按照高校创新创业教育的目标,结合每个专业课程教学的内容和特点,借鉴国内外创业教育课程的经验,在各专业人才培养方案中设置系列创新创业课程。新创教育课程要突出创针对性、可行性、系统性和整体性。改革传统教学模式,让学生从被动地接受知识转化为主动地获取知识,由培养知识型人才向培养创新创业型人才转变。

最初,一些高校利用选修课开展创业教育,这是在我国倡导大学生创新创业教育的大背景下,更好地解决学生就业难问题,并促进大学生人才培养质量进一步提高所开展的教学创新与探索。主要是基于不影响当前的教学运行及管理秩序,又能有效推进大学生创新创业教育的全面开展,帮助在校学生强化创新创业意识、提升提高创新创业技能。2008 年,江苏经贸职业技术学院工商管理系面向全校有创业意向的优秀学生开办了小企业家创业实验班,并在此基础上,开发、创建创业教育选修课程体系。在大学生创新创业基本素养、创新创业具体技能、创新创业核心能力培育三方面逐步确立了与之对应的“电影中学习创业技能”“大学生自主创业”“创新思维与企业家精神培养”三门公共选修课。这三门选修课各有重点,相互支持,自成体系。在严肃的课程内容里增加通俗性和时尚感,突出各门课程的个性特点,并增加快乐学习、辅助学习等,充分体现选修课的业余学习特征。

部分高校在建立适合大学生创新创业教育教学内容体系的基础上,根据教学目的的要求,创建了必修课、专修课、讲座课和实践课相结合的课程系统。

1. 必修课。教学院系结合专业教育情况,突出专业特色,开设“大学生创业指导”课程,把创新创业教育课程纳入专业教育和文化素质教育的教学计划与学分体系,实现与专业课程体系的有机融合,专业实践教学与学生的创新创业实践活动有效衔接,院系教学过程接受大学生创新创业教育中心的指导和监督。

2. 专修课。专修课是由大学生创新创业教育中心开设的,对具备创业潜质,具有创业兴趣,拥有一定创业条件的学生进行的创业强化教育。本课程以专修班形式举办,通常每班 30 人左右,大学生创新创业教育中心制定专修班教育的教学大纲和教学计划,经教务处审批后实施。

3. 讲座课。大学生创新创业教育中心和各教学院系建立专家库,选聘企业家、创业成功人士、创业成功校友和政府相关人员到校做创业讲座。大学生创新创业教育中心和各教学院系每学期至少开设一次创业教育讲座。

4. 实践课。创新创业教育中心和学校各教学院系根据教学要求,制定实践教学计划。以全程化、阶段性、项目化为指导思想,以本科 3 ~7 学期、专科 3 ~5 学期为时间点,把实践教学内容具体化为各个阶段的实践项目,以实践项目为载体开设创新创业教育实践课。

截至目前,创优教育主要体现在思想政治教育课和日常思想政治教育活动中,尚未开设专门的创优教育课程。这是三创教育亟待解决的问题。

第二节 “三创”教育系列教材

教材是教学活动的重要工具。目前,很多高校都认识到“三创”教育的重要性,开设了相关课程,与相关课程配套的“三创”教育系列教材处于不断设计和建设中。2008 年,由赵志军教授主编的创业教育与文化系列丛书,作为吉林省社科基金重点招标项目《吉林省创业教育体系构建与实施研究》的主要成果,由吉林人民出版社出版。丛书包括《创业教育引论》《创业文化建设导论》《创业技能训练教程》《小学创业教育辅导》《中学创业教育辅导》《大学生创业教育》《创业思维方法》《吉林省创业教育体系构建与实施研究》等。2016 年 4 月,“江西省高校创新创业教育系列教材”由江西高校出版社正式出版。首批公共教材共三册,120 万余字,分别是《大学生创新创业基础》(适用于本科院校)、《大学生创新创业基础》(适用于高职高专院校)和《大学生创新创业经典案例教程》。教材的与时俱进有力地推动了三创教育的开展。然而,正像课程建设一样,创优教育尚无专门教材。

“三创”教育教材建设是“三创”教育课程化的核心,是进行教学活动、稳定教学秩序和提高教学质量的重要保证。一般来说,富有针对性的“三创”教育教材应有利于启发式教学和现代教育技术的应用,要做到这一点,关键是更新教育观念,敢于突破教材编写模式的局限。当前,“三创”教育教材呈现学术专著化倾向。很多高校选用的创新创业教育教材没有紧密结合专业特点,教材内容陈旧,时代感和实用性不强。这些因素严重影响了高校“三创”教育的质量。

加强教材建设要从三个方面入手。一是尽快填补创优教育教材的空白;二是扭转教材学术化倾向;三是开发与校本课程相适应的“三创”教育教材,并配有相应的课件等资料。

第三节 “三创”教育基本方法

一、范例式教学法

范例教学的理论是联邦德国著名的教学论专家瓦·根舍因首先提出来的,并在物理和数学领域中进行了实践,形成范例教学模式。范例的意思是例子,更确切地说是“好的例子”“特别清楚(言简意赅)的例子”“典型例子”,是那些隐含着本质因素、根本因素、基础因素的典型事例。范例教学就是根据好的,特别清楚的、典型的事例进行教学与学习,使学生掌握科学知识和科学方法,并把科学的系统性和学生的主动性统一起来,训练学生独立思考和判断的能力。这种教育方法的根本目的是为了解决知识量的急剧膨胀与人的有限的学习时间、能力之间的矛盾,从另一角度讲,也是为了减轻学生的学习负担。

范例教学论者提出了实现其基本思想的各种教学原则,其中基本性、基础性和范例性原则是最重要的三个原则:

1. 基本性原则。强调教学应教给学生基本的知识结构与规律,包括基本概念、基本原理、基本规则、基本规律等,使学生掌握学科的知识结构。如施普兰格认为,基本性指以某一内容为基础的规律性。克拉夫基则认为基本性指基本原理,要求给学生提供的基本原理不是孤立的,而是使学生在更大范围的思想联系中来认识基本原理。

2. 基础性原则。强调教学应从学生的基本经验出发,促进他们的智力发展。即教学应以学生的实际经验为基础,使学生在教学过程中获得更深化的新经验,一种带有能照亮心灵的闪光点的经验,或者说使他们建立一种新的思维结构。用通俗的话来说,就是在这种基础性的教学过程中使学生的抽象思维得到锻炼,使智力发展达到一个新的高度。基础性原则还要求教学从学科转向学习者,要求教师更多地在学习者精神世界方面做工作,使他们掌握各种基本概念、基本结构和基本规律之间的关系，以及人同经济、社会、政治、美学、精密自然科学与技术之间的实际关系。因此，基础性是基本性的更高一个层次。

3. 范例性原则。就是通过精选的范例使教学达到基本性和基础目标的原则。也就是要求设计一种教学结构，使教学内容与教学方法之间以及各种教学内容之间的联系结构化，通过这种教学使学生的兴趣、问题、学习方法同各种教学内容的“最终结构”一致起来。简言之，即要求设计出一种教学结构使教学内容结构（学科结构）与学生的思维结构相适应、相统一。而范例就是能使两种结构一致起来的媒介，就是沟通学习者主观世界与教学内容这一客观世界的桥梁。综上，范例性就是要求教师精选的教学内容具有代表性、典型性和开导性，使学生能以点带面、举一反三、触类旁通地掌握知识，实现学习的迁移和知识的实际运用。

二、启发式教学

启发式教学是现代多种教学思想的结合点、交汇点，可以说，现代很多教学思想，都可以在启发式教学思想中找到它的原型。国内外倡导的素质教育、主体教育、创造教育、成功教育、和谐教育、情境教育等，在不同方面或多或少体现了启发式教学的思想。

1. 启发式教学的内涵和基本观点

启发式教学就是以学生的全面发展和主动发展为目标，通过教师的启发诱导与学生的主动探究，实现知情意和谐发展的过程。它表现出如下的基本观点：(1)教学目的观：全面发展与主动发展的相互统一；(2)教学过程观：启发式教学过程是教师主导与学生主体双边互动的过程，是知情意和谐发展的过程，是解决知与不知矛盾统一的过程，是教会学生学习的过程，是传授知识与发展能力相统一的过程，是认识与实践相统一的过程；(3)教学对象观：学生具有发展的潜能，是潜在的主体；在坚持学生具有共同性的基础上，承认学生存在差异性；(4)教师观：教师是知识的传播者、转化者，是积极的学习研究者和创造者；(5)知识观：坚持知识的获得过程是传授与发现过程的统一，是现代启发式教学知识观的重要特征。

2. 启发式教学的课堂结构模式

启发式教学具有“四阶段”课堂结构模式，一般来说，一堂设计完整的启发式教学课应该包含连续的四个阶段，如图 4 – 1 所示。

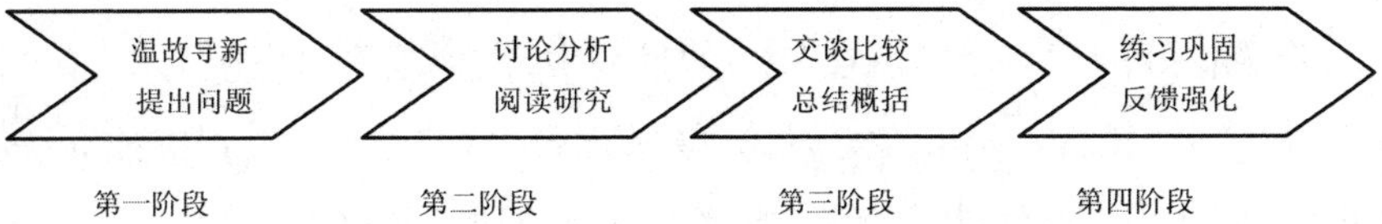

图 4-1 启发式教学“四阶段”课堂结构模式

三、八字教学法

八字教学法，即“读读、议议、练练、讲讲”，是上海育才中学经过多年不断实践和探索，总结正反两方面的经验和教训提出来的。这种教学模式着眼点由教师的“教”转移到了学生的“学”上，使知识的掌握与能力的培养统一起来，在“读”的过程中促使学生主动地获取知识、增强自学能力。在“议”的过程中，同学间相互启发、各抒己见，从而获得良好的表达能力和批判性思维能力。“练”是学生从不知到知、灵活运用知识的过程，能较好地促进思维能力，特别是创造思维能力的发展。八字教学法的基本精神就是使学生由被动学习变主动学习，使学生真正成为学习的主人。首先，学生在课堂上在教师的启示、引导、点拨下自己读书（读读），互相议论，畅所欲言，各抒己见，逐步了解教材内容（议议）；其次，教师做重点讲解，有意识地引导学生理解教材的重点和难点（讲讲）；然后要求学生在课堂上做必要的练习，做到当堂理解、消化、巩固（练练）。其中读是基础，议是关键，练是应用，讲贯穿于始终。

教师的教学策略包括以下三个方面：

1. 有重点的精讲。在教学中抓住主要矛盾进行讲解，使讲授达到画龙点睛的作用并引导学生积极思考，举一反三，触类旁通。

2. 巡视指导。教师进行巡视指导，可以及时对学生的学习进行引导、启发、点拨、解惑。

3. 组织实践活动。利用课外实践活动发展学生的能力和个性，完成对知识和技能的掌握与巩固。

学生的学习策略包括以下具体内容：

1. 以自学为主，主动地学。在“读”中认真阅读，不应“走马观花”；在“议”中广开思路，积极思考，探索规律；在“练习”中进行独创性思考和解答问题，深刻理解知识的内涵和本质。

2. 形成良好的学习习惯。在“读”的过程中,做到眼看、口述、心想,在“议”的过程中,积极提出问题,积极参与讨论,畅所欲言。在“练”的过程中独立练习,做到互相交流,互相批改作业,养成自我学习、自我检查的习惯。

四、建构式教学法

建构式教学法关注如何以原有的经验、心理结构和信念来建构知识,强调学习的主动性、社会性、情景性,将学习理论从行为主义发展到认知主义,与实际教学相结合。构建式教学法对教学改革具有更现实的意义。

构建式教学法重视教学中教师与学生以及学生与学生之间的相互作用。因此,合作学习、交互式学习成为构建式教学积极采用的基本教学方式。构建式教学法一般包括四个共性因素,即情境、协作、会话、意义建构。建构式教学与传统教学相比,具有以下一些特征:

1. 以学生为中心,代替以往的以教师为中心的思想;
2. 从仅关注学习结果到同时关注学习过程;
3. 从关注教材内容的组织设计到关注学习过程中交互活动的设计;
4. 从关注初级知识的获得到关注高级知识的获得;
5. 从关注知识技能的记忆到关注学习在不同情境中的广泛迁移;
6. 从关注一学科知识为中心的学习到关注以问题解决为中心的学习;
7. 从关注外部管理到关注学生自我引导式学习、自我调节性学习。

第四节 “三创”教育师资队伍

发展“三创”教育,树立“三创”精神,培养“三创”学生,教师队伍的作用至关重要。当前,“三创”教育师资力量严重不足。一方面是由于“三创”教育开展时间较短,师资准备难以及时跟上;另一方面是由于“三创”教育本身的特殊性,即实践性、应用型和综合性极强,对教师能力、经验、知识的要求很高,一般教师在短期内难以适应教学需要。针对现有“三创”教育师资短缺和素养不高的现状,要多管齐下,从确立培养目标入手,采取专家指导、外送培训、自我研修等多种方式提高教师适应能力,以及建立创业园、创新工作室和创优教育第二课堂、集训队等平台和拓展性载体,提高教师的实践教学水平。要鼓励教师自我转换、自我发展,提升教师自身的“三创”教育素养。

一、组建专兼职相结合的“三创”教育教学团队

以专职教师为基础,兼职教师为骨干的创新、创业、创优教育教学团队,具体从以下四方面工作做起:

1. 组建“三创”教育教研室,设专职专任教师岗,形成“三创”教育核心教学团队;组织一般兼职教师队伍,聘用签约兼职教师,由“三创”教育中心聘请专业课教师、企业家、创业成功人士、专家学者担任,建立稳定长期的工作关系。

2. 制定完善的教师考核程序,按照标准严格掌握教师入职条件。“三创”教育师资队伍要求教师除了具备较强的教学能力外,还必须拥有“三创”实践经历。

3. 加大力度对教师进行培训,组织教师参加各种“三创”培训活动。安排教师参加相关学术交流、企业考察、调研和到企业挂职锻炼,鼓励教师参与社会行业的创新创业实践,推动教师积极开展教学研讨活动。

4. 为教师的教学和研究提供条件。加大图书资料和信息化进程,通过教材编写、项目研究、集体备课、说课、观摩等教学形式,提高整体“三创”教师素养。

二、组建专门“三创”教育指导团队

组建指导团队的主要任务是为学生创新、创业、创优过程提供及时有效的帮助和服务,从而辅助“三创”教师团队开展具体工作。

第五节 “三创”教育评价体系

教育教学评价具有引导教育教学过程、左右教育教学结果的作用。为了推进“三创”教育顺利开展,必须建立具有科学性、针对性和实效性的评价体系,开展积极的评价活动,建立促进“三创”教育持续健康发展的评价机制。“三创”教育是

一项综合工程，是培养大学生的创新、创业、创优精神和能力，即符合经济社会发展基本要求的思想意识、知识、素质和能力的教育活动。因此，根据经济社会发展的时代特点及其对创新、创业、创优人才的需求，以评价为导向，引导学校确立人才培养目标，改革人才培养方式，实施“三创”教育，将创新、创业、创优教育集成融入学校人才培养全过程，构建基于培养创新精神和实践能力为重点的创新、创业、创优教育体系，对于强化学校功能、充分发挥学校教育社会作用具有十分重要的意义。根据“三创”教育整体教学开展过程，应从学校、教师和学生三个层面建立激励式评价体系，推动建立大学生创新、创业、创优教育教学计划实施机构，形成学校积极推动、教师和学生积极参加的“三创”教育格局。

各级教育行政部门，通过组织行政考核、专家评价，对学校的“三创”教育发挥引导和激励作用。

学校通过教学管理创新，建立评价体系和标准，鼓励和约束教师实施“三创”教育，激励学生积极参与“三创”教育教学，增强“三创”精神，提高“三创”能力。如下图所示：

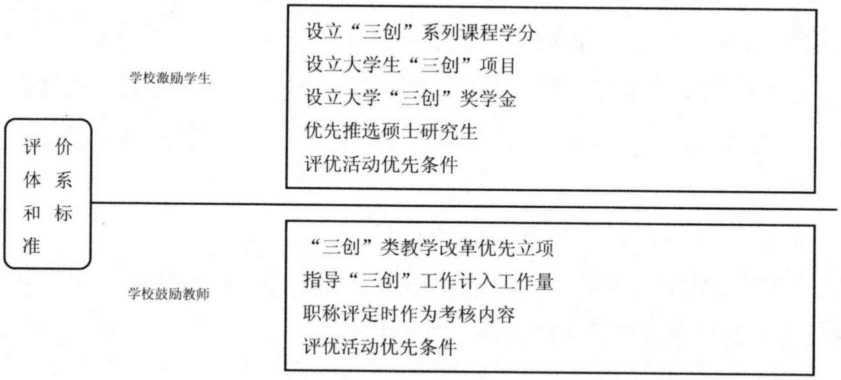

图 4－2 学校“三创”教育激励式评价示意图

第五章

“三创”品质的学理内涵与内在逻辑

《国家中长期教育改革和发展规划纲要(2010－2020)》指出:面对“大发展大变革大调整时期”的未来挑战,“按照面向现代化、面向世界、面向未来的要求,适应全面建设小康社会、建设创新型国家的需要”,应“推动教育事业在新的历史起点上科学发展,加快从教育大国向教育强国、从人力资源大国向人力资源强国迈进。”在这一历程中,“学生适应社会和就业创业能力不强,创新型、实用型、复合型人才紧缺”已经成为制约创新型国家战略的瓶颈。我们不仅需要“数以亿计”的创新型人才,唤起全民创新热情,而且更需要积极提升全社会的创优品质。这就要求我们对创新、创业与创优品质实施高度集成,进一步理清三者之间的内在逻辑及教育发展的内在价值关联与使命赋予。故而,培养具有“三创”品质的高素质人才、将“三创”品质嵌入新时期教育发展的使命之中理应成为迫切思考的时代课题。

“三创”品质是基于创新、创业及创优高度集成的具有本原特质的教育品性与行为,它影响着创新人才的规格、创业历程的绩效以及创优意识的生成。“三创”品质的人才培养以社会和人的发展需求为出发点,着眼于改善创新、创业与创优教育零散化、碎片化的现实状况,系统化推进“三创”精神与能力的高度集成。

一、创新,不仅是勇于否定自己和现状、善于确立新的目标与期望、敢于突破极限的辩证发展过程,而且是实现创业与创优品质的基本方式,也是对创优与创业方式的规定。

人类社会的发展需要超越现实、憧憬未来。长期以来,我国自主创新能力不强、原创意识薄弱的状况令人担忧,知识产权保护能力历来饱受诟病。“低位”创新、急于创新甚至“伪”创新掣肘于创业、创优的整体过程。那些缺乏具有真正创新品质的创业难以长足发展,也难以形成创优争先意识。我们亟须抛弃保守型的创业意识,提升创新在创业与创优中的地位。同时,当前知识经济为主导的社会形态更加注重“科技是第一生产力”的内在发展潜质,新知识、新工艺与新技术正成为带动经济发展的强大动力。世界一流高速铁路的设计与研发能力已经在全球金融危机中率先领跑中国经济,鲜明地佐证了创新在国家创业与创优中的重要价值。

二、创业,不仅是要积极树立创业的价值观,积淀创业能力,随时捕捉机遇,准备好承受失败的心理素质和对策,而且是实现创新与创优品质的有效途径,也是对事业发展方式的规定。

一定意义上,人的成长历程表明每个人都在进行着微观“创业”并不自觉地成长为“创业者”。中国人的精神血脉中流淌着生生不息的创业故事,但传统的“小农观念”也在潜意识中影响着中国人的文化性格。作为一项开拓性的事业,创业带给人的不仅仅是无限的激情与梦想,而且也难以避免创业过程中的艰辛与坎坷。社会主义市场经济的高速发展需要不断打破原有的从业观念,通过调动资本、技术、信息、知识诸要素实现创业,不仅可以为劳动者的创新、创优意识提供另种实现途径,而且可以以丰富的社会资源创新经济发展方式。同时,优质的合作创业不仅可以减缓经济风险对创业过程的侵扰,而且将进一步激发团队创新热情,切实增强创业对于国家、社会与个体的价值。韩国三星公司把“事业报国”确定为企业的价值观,其创始人李秉哲认为:“我的抱负是为国家和社会做贡献,在适合自己的领域开展事业,不断研究和开拓新的事业,不断创建和经营新的企业。”这种创业观不仅为创业赋予鲜活的生命力,而且为守业过程中的创新、创优提供了强大的精神动力。

三、创优,不仅是要培养和强化自尊心、自信心,将暂时承受的落后转化为前进的动力,进而实现个人或组织实力的持续增长与创优标准的逐步提高,而且是实现创新与创业品质的根本目标,也是对创新与创业的质的规定。

追求美好生活是人类永恒的追求,而美好生活必定是相对优质的生存样态。“差不多就行”“八九不离十”的传统观点与其说满足了很多中国人的现实心理,不如说规制了追求最佳、最优的梦想,进而影响着创新与创业的成效。许多世界知名企业都有一个共同特征:利润应该成为经营得法的副产品和必然结果,但利润并不是经营企业的最终目的。美国数字设备公司认为:“利润增长并不是我们的首要目的,我们的目的是成为高质量的公司;如果我们真正实现了质量目标,必然会导致增长。”日本松下电器公司前董事长松下幸之助认为:“利润确实是推行健全事业所不可欠缺的工具,但绝不是最终的目的。因为企业的根本使命在于谋求人类生活品质的提高,也唯有努力达成根本使命时,利润才会变得更重要。”中国联想集团创始人柳传志同样认为:“利润高的商品并非就是好商品,只有受消费者欢迎的产品才是好商品……客户的效益第一,联想的效益第二。”“企业获得效益必须建立在客户获得效益的基础上,利人方能利己。”足见,创优之于创业、守业过程所具有的独特价值。因而,我们需要抛弃那种劣质型与普通合格型的创新与创业,形成优质型组织文化,实现创新与创业的优质化。

第六章

“三创”精神有效嵌入高等教育的路径

作为培养青少年思想品质的重要场所，教育无疑是创新、创业与创优品质培育的主渠道与实施的基础性路径。为此，新时期的教育事业应以培育具有“三创”品质的高素质人才为使命，采取多种措施优先发展。

第一节　将“三创”品质的培养纳入高等教育发展的顶层设计

教育发展离不开学校的局部顶层设计，办学指导思想与人才培养目标的设定深刻影响着教育教学的整体程式与最终成效。为了更有效地培养学生的“三创”品质，需要首先从更新学校的办学指导思想着手。提高教职员工对“三创”品质重要性的认知程度，从思想意识层面强化理解；注重人才培养的规格，着力塑造青少年的创新思维；按照更新后的顶层设计，积极调动各种可利用的资源，在教学、管理、党建、服务等多方面形成全方位、全过程培养“三创”品质的教育环境；尤其要重视课程整体方案的设计与编排，提升中小学与“三创”教育相关的教学活动，优化高校创业教育课程模块，整合相关课程资源，挖掘校本课程优势；明确教育主管部门在培养学生“三创”品质过程中的责任，统筹部署“三创”教育的实施，强化“三创”教育成果的绩效考核。通过提高学生的“三创”教育素质，从整体性角度着眼于教育发展本原性要素的改善，突破以往那种强调教育的某个层面、某个层次的零散型教育发展观。

第二节 将"三创"品质的培养导入教学程式的整体过程

教学程式是学校教育的中心环节,也是提升学生"三创"品质的主渠道。为此,首先应树立创新型人才培养的教学价值观。通过教师的价值预设为教学过程提供方向性的引导,激发学生的创新思维和创造能力,探索符合学生成长的"三创"教育规律,从而使学生在学习科学文化知识的同时将创新、创业与创优品质予以内化。其次,应丰富以"三创"教育为基质的教学内容。各学科的教学内容虽各具特色,然而在培养学生的能力与情感、态度、价值观方面有着共同之处。因此,可以借助多学科教学活动,将"三创"意识积极渗透到学科学习生活中,使学生充分体验到不同领域中的创新、创业与创优,进而促进学生将"三创"品质与具体学科知识相融合,为学生未来发展提供可能空间。再次,应形成鼓励创新、创优的教学评价,改革传统教学评价机制,突出形成性评价、动态评价在教学考核中的比重,让那些有想法、有创意、有行动的学生脱颖而出,从而通过教学评价鼓励学生科学地"敢想、敢为、敢闯"。最后,应塑造与学生真实生活相融合的教学情境与教学模式,必须紧密结合学生真实的生活世界,努力创设有关"三创"教育的真实情境,采用多样化的教学模式。"假"的教学情境不能引起共鸣反而会激起反感;"大"的教学情境不能深入个体生活反而会增加隔膜;"空"的教学情境不能感受真实反而会导致生疏。近年来,每届"挑战杯"大学生创业大赛结束后,都会有一部分理论成果被企业吸纳,真正转化为现实的生产力并实现了"创业"。这种将教学成果辐射到实践层面的活动模式,成为实施"三创"教育的经典案例。

第三节 将"三创"品质的培养融入学生培养的个体发展

"三创"品质的培养不仅需要关注学校教育的变革,而且还需要注重学生个体生活的多维空间。首先,要形成有利于学生"三创"品质成长的舆论氛围。新闻媒体应加大对艰苦创业、争先创优先进典型的宣传力度,通过鲜活事例引导社会舆论,运用多种手段积极引导政府各部门、各级各类学校、广大教师以及社会、家庭对创业教育的关注和支持，逐渐形成“人人创优、人人创新、全民创业”的良好氛围，通过浓厚的舆论环境使“三创”品质的培养更具时空性与长效性。其次，要突出社区教育、家庭教育对学生“三创”品质发展的重要作用，社区文化建设中应有意识地通过各种社区活动加强创业教育，浓厚创优文化，并以社区“三创”建设带动具有“三创”特色的家庭教育，启迪学生创新意识，为学生树立良好的创优与创业形象。最后，要关注学生在“三创”品质成长过程中的心理反馈。面对外在的思想引导，学生在内心中生发一定的问题意识与价值判断，并在与现实的生活世界做出比较、权衡、甄选后做出符合自身的价值选择。因此，为了使学生真正而牢固地形成“三创”品质，我们需要关注学生在内化“三创”教育过程中的心理反馈、释惑答疑、指点迷津、行为示范，给予学生以主体性的关照并在呵护创意的基础上鼓励学生的意念与行为。

第四节　将“三创”品质的培养引入教师教育过程

“三创”型人才培养需要有“三创”型教师。当前的教师教育过程充分注重教育学、心理学基础理论及学科教育前沿探索，然而对于创新思维、创业能力与创优意识并未给予充分重视。为了造就更多具有“三创”品质的高素质人才，首先应在高等师范院校中着力培育具有“三创”精神与能力的教师。高等师范院校的毕业生作为未来的教师骨干力量，如果具有实施创业教育的自觉性与技能，对青少年的成长和对创业文化建设的推动必将起到根本性作用。为此，要不断强化高等师范院校创业教育方面的课程设置，更新教学理念，改善教学内容，充分调动高师院校丰富的创业教育资源，将“三创”品质融入教师队伍培养过程中。第二，切实加强在职教师的“三创”品质引导，通过日常的中小学教师培训项目，突出“三创”教育的紧迫性与重要性，强化“三创”品质与学科知识融合的教学意识与内在机理，形成有利于“三创”品质形成的教育发展模式。第三，应加强“三创”品质与教师教育的理论研究，通过科研项目建设引进先进的教育理念，进一步明确“三创”品质在教师教育中的地位、价值与任务，加强教育科研为基础教育实践服务的功能，使科研理论得以科学转化，增强教师对“三创”品质的引领作用。

第七章

“三创”精神融入办学育人全过程实践探索

近年来，在国家的积极倡导下，各级各类教育在培养创新、创业人才方面已经达成共识。但我们必须面对的现实是：当前所开展的创业教育能够引导事业或企业的创建，但对于企业持续发展与创业品质的培育等维度所开展的教育却远远不够；我们所开展的创新教育虽然能够引导创新思维的生成，但对于新生事物的服务方向和性质的关切却远远不够，创新人才在社会中的持续作为也难以为继。虽然管理学、经济学等多学科的专家、学者从不同维度对这些问题进行了较为深入的理论思考与实践探索，然而不可忽视的是，学校所开展的创业教育与创新教育出现了结构性缺陷：创业教育，缺乏对创新精神特别是创优目标的追求；创新教育，缺乏对创业行动以及创优价值的倡导，缺乏对创新的社会价值取向的前提约定。换句话说，不强化创优，创业的后果可能是唯利是图、以次充好、制造垃圾；不强化创优，创新的后果可能是损人利己、不择手段。可见，我们所进行的创业教育与创新教育的现存缺陷问题不解决，中国社会的创业与创新所隐含的祸端就难以避免。没有创优为前提，只讲创新、创业，这种教育上的先天缺陷，很可能导致大量畸形人才的生成，创业与制造“垃圾”相伴，创新与制造“隐患”同行，即使强化依法治国，也只是亡羊补牢，补偿人的创优教育缺失要付出不可估量的代价。

基于这样的思考，我们认为，创新教育、创业教育必须与创优教育（简称“三创”教育）实现高度集成，才能真正把握创新、创业的方向性，提升创新、创业的实效性，促进创新、创业、创优人才的脱颖而出，为创新、创业做出品质的规定，唱响“大众创业、万众创新、全民创优”完整的时代旋律。这就需要我们转变创新、创业教育内容和方式，以树立“改变它”的意识为“机会”源，以做成一个项目、产品为教学导向，让学生参与做真实的项目与产品，进而引起学生对知识、技能、路径、方法的渴望、探索和建构;积极调整创新、创业教育的既有结构,以创优为根本出发点和落脚点,不断促进创新、创业与创优教育的有机融合;既要研究草根创业及“互联网+”,也要关注“工业4.0”和“智慧工厂”,把握时代脉搏。没有创优教育的创新、创业教育等于没有方向的“标量”,创优是为创业与创新提供了价值导向与终极关怀,使得创新、创业成为朝着优质化方向迈进的“矢量”。

第一节　理念先行,“三创”精神全方位贯彻到人才培养体系中

我国高校的“三创”教育都处在初级阶段,没有成功经验可以借鉴。为了更加清晰地阐明创新、创业与创优教育的内在逻辑、基本结构、实施路径与方法,吉林体育学院党委书记赵志军教授将其申请并被批准确立为全国教育科学“十二五”规划课题,进行了为期三年的合作研究,以“三创”教育在我国的发展历程以及理论架构为经线,以“三创”教育在基础教育以及高等教育中的实践探索为纬线,以期系统化建构“三创”教育理论,并为实施“三创”教育开辟新路,将“三创”精神更深层次融入办学育人全过程,为高等教育人才培养质量提升服务。

一、“三创”精神纳入学校顶层设计

将“三创”精神纳入到学校的顶层设计中,制定了《关于把“三创”精神融入人才培养全过程的若干意见》,从影响教育整体程序与最终成效的办学指导思想与人才培养目标入手,增加了培养具有创新精神、创业能力和创优品质的教育目标,并随之更新教育观念、加快教育教学改革步伐。

中共吉林体育学院委员会文件

吉体院党政联发[2013]91号

★

关于印发《关于把“三创”精神融入人才培养全过程的若干意见》的通知

省体校分党委，各党总支、直属党支部：

现将《关于把“三创”精神融入人才培养全过程的若干意见》印发给各单位，望在实际工作，贯彻执行。

附件：关于把“三创”精神融入人才培养全过程的若干意见

中共吉林体育学院委员会　　吉林体育学院

2013年6月5日

中共吉林体育学院委员会

吉 林 体 育 学 院　　　　2013年6月5日印

1

附件1：

关于把“三创”精神融入人才培养全过程的若干意见

为了适应时代要求，彰显办学特色，提高育人质量，更好地完成立德树人的根本任务，根据《吉林体育学院十二五事业发展规划》和学校党委的意见，学校决定，将创新、创业、创优精神融入人才培养全过程。为此，提出如下意见。

一、提高认识，凝聚共识，增强推进三创教育的使命感和自觉性

创优提质是当今中国各项事业发展的总要求、总基调。“三创”教育，即指创新、创业、创优教育。“三创”教育是一项系统工程，创新教育是创业教育和创优教育实施的基点，创业教育是创新教育和创优教育运行的本体功能，创优教育是创业教育和创新教育发展的终极追求。通过“三创”教育培养学生“三创”精神，这是学校党委在人才培养过程中一直大力倡导的一种人才培养理念。就是要通过“三创”教育，源源不断地培养基础深厚、综合素质高、适应性强、思维突破性强、主动性强、自信、坚韧、富有创新、创业、创优精神和能力的复合型、应用型高级专门人才，也即“三创”人才。培养学生“三创”精神的提出是着眼于在“大众创业、万众创新”的社会背景下，破解人才短缺、创业短板、创新短视等弊端，着眼于我国现行的教育体制基本上还未脱离应试教育框架，专业缺少个性特色，学生的专业技能普遍较弱，依赖性较强的现状，着眼于提升学校人才培养的竞争力和办学特色的需要，着眼于提升学校各项工作质量，谋求更高水平的发展需要。全校教职工一定要提高思想认识，把通过“三创”教育培养“三创”人才作为崇高使命，不断增强培养“三创”人才的自觉性。

二、立足长远,彰显特色,把三创教育纳入办学育人的顶层设计

实施"三创"教育,培养"三创"特色人才,是一个长期的过程,也是一个系统工程,需要统筹规划,周密组织,特别是要做好顶层设计。要把"三创"精神的培养纳入学校在长远规划,学校年度工作要点、学校党建工作要点中,纳入学校人才培养方案中。各基层单位和相关部门要围绕学校顶层设计,制定工作计划,探索"三创"教育实施路径,在具体工作中彰显"三创"人才培养特色。

三、尊重规律,科学施教,把三创教育纳入教学活动各个环节

"三创"教育是全方位、全过程的育人活动。课堂教学是培养学生"三创"精神的主渠道、主阵地。要把"三创"精神融入课程、教材、教学大纲、教案、考核评价等各个教学环节。在课程设置上要增加培养学生"三创"精神的课程门类,增加创新创业类课程比重。在课时安排上要适当增加培养学生"三创"精神的实践学时。在教材中增加培养学生"三创"精神的章节和内容,努力形成"三创"人才培养的课程和教材新体系。在教学大纲、教案和考核评价中,均要体现培养学生"三创"精神的内容。

四、教管协同,注重养成,把三创教育纳入学生日常思想教育与管理之中

课下的教育与管理是培养学生"三创"精神的重要渠道。要在日常学生工作中要融入"三创"教育内容,从日常行为习惯入手开展思想政治教育与行为养成教育,努力培养学生的创新精神、创业勇气与创优品质,鼓励学生勇于探索创新、勇于艰苦创业,勇于追求卓越,做最好的自己,为其成长成才打下坚实的基础。

五、营造氛围,润物无声,把三创精神渗透到校园文化建设之中

校园文化作为社会主义精神文明建设的一部分、作为一种环境教育力量,对培养学生"三创"精神具有重要作用。要将"三创"精神全方位融入校园文化建设。要以党建品牌创建活动、科技创新活动、大学生社团文化艺术节等活动为载体,着力打造培养学生"三创"精神的校园精品文化建设体系。要进一步拓展校园文化建设空间,重视在社会实践、志愿服务等社会活动中激发学生的"三创"热情,

提高学生的“三创”能力。要通过开展“体院好人”评选、“道德讲堂”活动培树师生先进典型,在校园网、校报、微信公众平台上广泛宣传他们的先进事迹,发挥典型的示范引领作用,激发学生创优意识,在校园内掀起了向榜样学习的热潮,传递校园正能量。

希望各单位、各部门,根据本意见,结合自身实际,制定具体实施方案,认真落实各项要求,切实抓好三创教育,努力培养适应时代要求和社会需要应用型专门人才,担负起立德树人的光荣使命。

中共吉林体育学院委员会　吉林体育学院

2013 年 6 月 5 日

2012 年,学校党委提出了“创新、创业、创优”的理念,随即集全校师生员工智慧,修订并完善了我校“十二五”发展规划。在“三创”精神引领下,2012 年至 2014 年学校工作主题分别确定为“规范与质量”“规范与建设”“规范与改革”,同时在 2013 年明确提出争创“全国文明单位”的建设目标。学校党委号召全校师生,要破除故步自封、沾沾自喜、满足现状的思想。要将“创新、创业、创优”精神贯彻到学校各项事业发展中,以期达到教学科研质量的提升、制度机制的完善、人才培养体系的健全与人才培养质量的不断跃升。2015 年,我校成功获评全国文明单位。在“十三五”规划中,学校年度工作要点、学校党建工作要点等学校顶层设计都将“三创”精神纳入其中,而各部门又根据学校顶层设计方案制定各自的工作计划。2014 年,学校党委召开了多个层面座谈会进行调研,制定了《吉林体育学院关于进一步推进大学生就业创业工作的若干意见》,召开了就业创业工作会议,动员各方力量,采取有力措施,大力推进就业创业工作,我校毕业生就业率达到 86. 13% ,比上届提高了 6 个百分点,高出全省平均水平 2. 64 个百分点;学校多次举办创新论坛和讲座,积极开展“挑战杯”科创大赛、“创青春”大学生创业计划大赛。

吉体院党政联发〔2014〕93 号

关于印发赵志军书记在 2014 年大学生就业创业工作会议上的讲话等文件的通知

学校各单位、各部门：

现将赵志军书记《在 2014 年大学生就业创业工作会议上的讲话》《吉林体育学院关于进一步加强就业创业工作的若干意见》等文件印发给你们，望认真学习贯彻执行。请各单位、各部门于 2014—2015 学年第一学期第一周内，将本单位、本部门关于贯彻落实《吉林体育学院关于进一步加强就业创业工作的若干意见》的具体实施方案和建议上报至学校办公室。

附件：1. 赵志军书记在 2014 年大学生就业创业工作会议上的讲话

2. 吉林体育学院关于进一步加强就业创业工作的若干意见

中共吉林体育学院委员会　　　　吉林体育学院

2014 年 6 月 23 日

中共吉林体育学院委员会 吉林体育学院　　　　2014 年 6 月 23 日印

附件1：

在2014年大学生就业创业工作会议上的讲话

（2014年6月20日）

赵志军

同志们：

本次会议，是做好我校创业就业工作的工作部署会，也是做好我校创业就业工作的动员会、推进会，目的在于进一步强化创业就业工作在学校全局工作中的重要地位，进一步开创我校毕业生就业工作的新局面。

《关于进一步加强就业创业工作的若干意见》是学校在通过深入调研、召开辅导员、各分院院长、职能部门负责人、各分院书记等不同层次的座谈会广泛征求大家意见的基础上形成的，是现阶段以至今后一个时期指导学校创业就业工作的纲领性文件。为了抓好《意见》的落实，进一步做好学校的创业就业工作，在这里我讲四点意见：

一、统一思想，提高认识

对一所高校来说，招生是“入口”，就业是“出口”，这两项工作是事关学校生存与发展的大事。特别是就业工作，既是高校最大的民生工程，也是学校办学的基础工程。

说它是高校最大的民生工程，是因为做好毕业生就业工作直接关系到人民群众的根本利益。在大学生身上寄托着成千上万家庭的希望，特别是对于农村和城镇贫困家庭来说，解决一个大学生就业问题，就可能使一家人摆脱贫困。同时能否解决就业问题，也是事关每名学生生存、生活、未来发展的大事。如果我们培养出来的学生在毕业后找不到工作,让学生感到大学白读了,让家长们的教育投资得不到回报,“办好让人民满意的教育”就成了一句空话,直接或间接地损害了人民的利益。

说它是学校办学的基础工程,是因为做好毕业生就业工作是学校生存和发展的前提。毕业生就业率是衡量高校办学水平的一个重要标准,教育部门每年都要定期向社会公布各高校毕业生就业率,并将就业率与本科教学水平评估、招生计划挂钩,就业率不达标,就减少你的招生计划,这将对学校的形象和地位产生巨大的影响,并最终影响学校的生死存亡。

所以说,一所高校的毕业生就业率与就业质量,从宏观层面来说,涉及国家稳定、社会和谐与百姓福祉;从微观层面上来说,影响整个社会对高校的评价、优质生源对学校的选择、用人单位对学校的信赖。总而言之,就业率和就业质量已经成为衡量一所学校办学水平高低的重要指标,事关学校的生存和发展,因此,我们一定要提高认识。

二、强化责任,全员努力

就业工作人人有责。在思想上重视就业工作,就是要求我们以高度的政治责任感,带着对学生深厚的感情去做好毕业生就业指导服务工作,从我校工作的大局出发,利用一切可以利用的资源,全校动员,全员努力,形成学校统筹协调,相关职能部门和各学院全力推进,全校其他单位和全体教职员工大力支持的工作格局。

在《意见》中已经明确,毕业生就业工作是“一把手工程”,在学校层面,书记、校长是第一责任人,负总责。在各分院,院长和书记是第一责任人,负总责。在各职能部门,职能部门负责人是第一责任人。就业指导中心负责组织统筹协调。学校各部门和各分院的党政“一把手”要切实加强领导,把学生的创业就业工作放在突出位置,纳入重要议事日程,明确任务,强化责任,狠抓落实。各分院、相关职能部门工作人员,尤其是各分院辅导员、任课教师都要把就业工作,作为自身义不容辞的一项重要工作,采取措施,创新方法,动员、鼓励、引导、帮助毕业生积极求职择业。学校将继续加大就业工作投入力度,在人力、物力、财力等方面为毕业生就业创业工作提供保障。要高度重视舆论宣传工作,充分利用媒体资源,积极宣传促进创业就业的政策、取得的工作成效和毕业生到基层就业、自主创业的先进典型，努力营造关心支持毕业生就业的良好舆论氛围。

三、强化落实，完善考评

在座谈会中，大家对《意见》均表示认同，同时也纷纷提出了抓落实的重要性。《意见》的6个方面20项内容，涵盖了学校工作的方方面面，内容涉及各个单位与部门。所以会后要求全校每单位都要在认真学习《意见》的基础上，以最快的时间拿出落实细则，拿出具体的工作举措。在调研中，大家提出的一些问题很值得一些职能部门认真思考与落实，如：有些在外地实习的大学生本来可以和单位签约，但就是因为学校考试制度的限制，挂科回来考试而丧失了工作机会；创业就业课程应在入学教育或大一时就开设，以提升学生的创业就业意识；要进一步加强创业就业教育的培训、特别是辅导员和学生的创业就业政策知识的培训，而学校专业培训教师匮乏；学校能否为学生提供创业实践场地；课程设置与就业需求不适应；学生专业能力弱化，影响就业竞争力等等。这些问题都是学校创业就业工作中存在的实际问题，能够提出这些问题，反映了大家对创业就业工作的深入思考和对学校事业发展的高度责任感。如何解决这些问题，各分院在出台落实细则时除了要写清工作措施，还要写明工作建议。对大家的工作建议，职能部门要统筹研究，拿出具体措施。在抓落实的过程中，还要完善毕业生就业工作的绩效考评机制。学校要修订和完善学校就业工作考评办法，将毕业生就业状况与学科建设、专业设置、质量评估、招生规模挂钩，与学校资源的配置挂钩，与学院和部门领导班子、领导干部的考核挂钩，在实施“三挂钩”的过程中，分清主次，权重比例，切实落实就业工作责任追究制和就业工作一票否决制：未达到当年就业率和签约率目标，且就业工作考评位于全校最后一位的学院主要负责人和学院分管领导，年终考核不能评为优秀；学校就业率排名未进入全省高校第二梯队，就业指导中心主要负责人年度考核不能评为优秀；对“机构、人员、经费、制度、场所、工作”六个不到位的学院实行评优评先一票否决，对就业率统计弄虚作假的要追究其责任。

四、创新思路，标本兼治

创新思路，就是要在拓宽就业渠道，提高毕业生就业竞争能力、综合素质和就业质量实效上下功夫。要紧紧围绕“实现毕业生就业数量和质量的双提升”这一中心任务,在人才培养上,在创业就业教育上,在市场开拓上进一步转变观念,创新方式,勇于改革,善于改革,提高实效。

标本兼治,“标”就是上级的考核指标——就业率。治标就是千方百计,采取多种办法、通过多种渠道提升学校的就业率。就业率直接关系到招生计划和招生吸引力,国家考察,所以就业率问题,在国家还没有改变政策之前,我们一定要排除杂念和争论,从学校根本利益出发,把就业率抓上来。我们是命运的共同体,就业率上不来,学校会垮掉。所以这个标,我们一定要治。“本”就是提高学校教育质量、优化专业结构,增强学生就业能力,提高就业质量。不论是从学校长远和可持续发展来看,还是从破解当前毕业生就业难的困境来看,我们都要坚持以应用型人才培养为目标,积极推进以“就业和社会需求”为导向的教育教学改革,大力提高教育教学质量和毕业生就业竞争力。具体来说,就是要把提高就业率和就业质量作为调整专业设置、学科结构、培养模式、课程体系的重要导向,要通过毕业生质量的跟踪调查、企业回访、座谈等方式深入企事业单位进行市场调研,开展毕业生就业市场需求状况分析,前瞻性地调整专业结构、优化人才培养方案,强化应用型人才培养,以适应当前社会对人才的需求变化。各学院要结合就业情况,开展本专业对应的行业市场调研,做好行业定位和特色定位,并据此调整培养方案乃至专业设置,既要打好科学文化基础,增强适应性,又要针对行业特点确立优势和特色,提高学生就业竞争力,这是就业工作的“治本”之道。治标和治本是相互促进的,治标是从根本上为治本赢得时间,治本是为了更好地治标,二者哪一个不抓都不行。

同志们,路虽远行则将至,事虽难做则必成。虽然在创业就业工作中存在这样那样的困难,但我相信只要我们万众一心,齐心协力,共同想办法、出实招、做实事,艰苦奋斗、顽强拼搏、不懈努力,就一定能不断提升我校毕业生的就业率和就业能力,一定能开创我校毕业生创业就业工作的新局面!

附件2：

吉林体育学院关于进一步加强就业创业工作的若干意见

党的十八届三中全会决定指出，做好以高校毕业生为重点的青年就业，努力实现就业更加充分，推动实现更高质量的就业。健全就业创业体制机制，鼓励高校毕业生自主创业。《国务院办公厅关于做好2014年全国普通高等学校毕业生就业创业工作的通知》（国办发〔2014〕22号）中明确要求，要高度重视高校毕业生就业创业工作，强化就业创业服务，改善就业创业环境，引导高校毕业生转变就业观念，力争实现高校毕业生就业和创业比例都有所提高。面对新形势、新要求，为进一步提升我校学生的就业竞争力和创业能力，深化教育教学改革，提高人才培养质量，做好当前及今后一段时期我校学生就业创业工作，提出如下意见：

一、构建毕业生就业创业体系

（一）确立科学的就业创业目标体系

1. 学校毕业生初次就业率和年终就业率达到或超过全省高校平均就业率；努力实现毕业生就业数量和质量的双提升。

2. 普遍开展大学生创新创业教育；构建10家相对稳定的创业见习基地；积极争取省级创业带动就业专项资金的扶持；努力申办SYB授权培训机构；积极扶持和培养5～10名有专业特色的创业经理人；积极推进大学生创业园建设。

（二）构建高效务实的就业创业工作体系

1. 坚持实施毕业生就业创业工作“一把手”工程。成立以校党委书记、校长为主任，校党委副书记、副校长为副主任，就业创业指导中心、学工处、教务处、人事处、后勤处、团委、基础教学部等相关部门负责人及各学院主管学生工作书记(副书记)为成员的就业创业指导委员会,负责全校大学生就业创业工作政策、措施及工作办法的制定和指导实施。学校党委和行政要将学生就业创业工作纳入重要议事日程,纳入学校年度工作要点之中,每学期至少召开一次专题会议研究部署就业创业工作。

2. 以各学院院长、党总支书记(副书记)为组长的基层就业创业指导小组,负责本学院就业创业工作的开展和责任落实工作。每学期至少召开两次全员参与专题研究就业工作会议。主要负责人要把毕业生就业创业工作纳入重要工作内容,亲自部署和落实毕业生就业工作,一级抓一级,层层抓落实,全面完成就业创业工作任务。

3. 完善就业工作考评机制,把学生就业的工作绩效纳入各学院、辅导员和相关职能部门岗位目标责任考核范畴,作为年度考核、聘期考核和评先选优的重要依据。

4. 建立就业创业工作保障机制。要在人员编制、工作经费、服务场地等方面给予保障,努力争取政府、社会公共就业创业服务资源对我校就业创业工作的支持;要从政策制度、基层服务、就业创业指导、基地平台市场信息、管理监测、评价反馈、困难群体帮扶、组织保障和队伍建设等多方面着手,采取有力措施,切实突破薄弱环节,建立和完善毕业生就业创业保障机制。

(三)完善和创新就业创业教育教学体系

1. 强化队伍建设。积极打造三支就业创业指导教师队伍。一支是校内专业化的就业创业教师(含辅导员)队伍;第二支是动态化的校外就业创业指导专家学者队伍;第三支是优秀校友、成功职业经理人组成的市场化的就业导师队伍。

2. 深入开展就业创业教育。把就业创业教育融入专业教学和人才培养全过程,建立和完善就业创业教育课程体系。就业创业指导课程要从育人的主旨出发,从体育专业大学生的实际需要出发,从市场对人才培养规格的实际出发,创新授课方式,切实转变学生就业创业的观念。围绕就业创业指导课程建设,努力提高质量与水平,积极打造校级、省级或国家级的精品课程。与省市人力资源部门密切合作,在学校开展“SYB 创业培训项目”,努力培养学生的创业素质和创业能力。

3. 努力营造浓厚的校园就业创业氛围。组织开展各类学生就业技能大赛、职业生涯规划大赛和创业计划竞赛，为学生就业创业实践搭建舞台。鼓励学生通过“学生创业协会”“就业创业论坛”“就业创业形象大使”等多种形式的教育载体，促进学生、教师和就业创业先进典型、企业家等之间相互交流，分享就业创业理论与实践成果。

（四）建设优质全面的就业服务体系

1. 积极推进基层就业和入伍预征等工作。就业创业指导中心要积极会同相关职能部门，继续实施好“农村特岗教师计划”“西部计划”“三支一扶计划”和“选调生”等基层项目就业。做好应届毕业生入伍预征工作，认真落实各项优惠政策以及退役毕业生有关后续服务工作。

2. 加强就业市场建设。就业创业指导中心、教务处要会同各学院结合人才培养模式改革及专业建设，做好地区经济发展及体育产业发展的形势、用人单位需求情况的调研，结合专业、专项的行业特色，着力拓展符合学生实际需要的 10 家以上优质就业创业基地。各学院要将就业与教学两线联动，结合人才培养模式改革的推进，主动“走出去、请进来”，联系合作企业，走访人才服务机构、行业协会、新兴产业园区等，广泛收集人才需求订单，着力提高就业岗位专业吻合度和就业起薪线，适时开发以主要生源地为目标的优质就业创业基地，满足部分毕业生回家乡就业创业的需求。

3. 优化信息服务。加快学校网络市场平台建设，充分利用移动终端、微信、QQ 等新型传播手段发布就业信息，为用人单位和毕业生提供高效便捷的服务，力争网上和现场招聘活动的场次和需求数量明显高于往年。充分利用好国家公共信息服务平台，为学生送政策、送信息、送服务，使学生获取就业创业信息的渠道保持畅通，继续为离校后未就业毕业生提供信息等服务。

4. 提供更加规范高效的就业管理服务。要积极做好网上面试、签约、办理就业手续等工作，简化流程，提高效率。充分发挥校园就业市场主渠道和基础性工作，深入挖掘岗位信息，做好校院两级校园大型招聘会和专场招聘活动。尽快建立起全省体育专业大市场联盟，联合开拓就业市场。

5. 对困难毕业生开展有效就业援助。建立包括困难类型（家庭经济、学业、就业技能）、帮扶责任人、帮扶措施、帮扶过程、帮扶结果等情况在内的困难毕业生档案;各学院按照“主动服务、优先安排、重点落实、保障上岗”的原则,对其实行一对一、有针对性的帮扶,努力帮助其顺利、高质量就业。

6. 积极促进少数民族毕业生就业。要摸清少数民族毕业生人员结构,及时掌握其求职动态,建立相应就业信息数据库,创造条件为少数民族毕业生提供就业指导、岗位推荐、技能培训等,建立起一帮一的帮扶机制。要根据少数民族学生的特点,加强国家通用语言文字和就业技能的培训等。

7. 坚持做好毕业生实习就业的跟踪指导服务。各学院结合专业建设、教学改革与就业工作,安排专人深入重点合作企业,关心指导毕业生实习就业及生活。以学生的实际就业为第一要务,科学合理安排就业实习与教学工作。开展应届毕业生就业进展情况的分析调查,及时形成对学校各专业教育管理有指导意义的调查报告;开展应、往届毕业生及用人单位对学校人才培养工作反馈的跟踪调研,形成年度就业质量分析报告。

(五)构建成熟完善的学生创业孵化体系

1. 加强对创业培训合格学生的跟踪及创业孵化工作。就业创业指导中心、各学院应对有创业意向学生或项目进行专人指导,为学生提供法律、工商、税务、财务、人事代理、管理咨询、项目推介、项目融资等方面的创业咨询和服务。对毕业生创业典型进行跟踪服务,力争做到每个专项群至少能孵化出 1 个有专项特色的创业团队或创业典型,扶持和培养 5 ~ 10 名有专业特色的创业经理人。加强孵化力度,提高学生创业企业成活率和成长力。

2. 积极争取省级就业创业专项资金的扶持。根据吉林省财政厅、人社厅《吉林省省级就业创业专项资金管理暂行办法》文件精神,按照积极稳妥、逐步开展的原则,努力争取省级财政对我校就业创业工作的扶持。其专项资金由“就业创业指导委员会”共同管理,“就业创业指导委员会”决定资金的投向,使用的额度和范围。

3. 积极稳妥推进创业园建设工作。克服困难,在校内改建或调剂一定的空间,争取给学生创业团队提供更多的相对集中、有创业实践氛围的创业场所;努力开辟校内教学资源,尽量满足学生创业实践的需要。

(六)形成与时俱进的思想政治教育和舆论宣传体系

大力加强思想政治教育,积极营造良好的舆论氛围。要把党和国家以及学校对毕业生就业创业工作的重视和采取的政策措施,毕业生到基层和小微企业就业创业的先进事迹和典型经验,通过举办形势宣讲会、先进典型报告会等活动,宣传到每一个毕业生,引导毕业生树立正确的人生观、价值观和成才观,切实转变就业观念,以积极的心态走向社会,在平凡的岗位上创造不平凡的业绩。全校上下要认清就业形势,转变传统思维模式和就业创业工作观念,以积极有为的姿态,团结一心,克服困难,扎实工作,开拓进取,千方百计实现我校毕业生的充分就业,提高就业质量,提高就业创业工作的满意度、美誉度,真正将就业创业工作建成惠及全体学生的民生工程。

二、"三创"精神纳入人才培养方案

随着我国社会主义市场经济体制的不断发展和完善,传统的教育已不再适应当今信息时代社会发展变化的要求,转变教育观念势在必行。我们正是深刻认识到这一点,不断强调教师要重视发挥学生在学习中的主体作用,充分培养学生的学习兴趣,对学生,重过程,轻结论,重方法,轻知识。从实践中锻炼和提高创新创业能力,逐步从传授已有知识为中心的传统教育转变为着重培养学生"三创"精神的现代教育,从而真正实现从"要我学"到"我要学",从"学会"到"会学",进而到"会三创"的转变。

我校继2013年修订人才培养方案后,于2016年开始新一轮培养方案的修订。保留了原方案对创新创业能力的培养,在此基础上,进一步强调要全面贯彻《国务院办公厅关于深化高等学校创新创业教育改革的实施意见》(国办发〔2015〕36号),不断深化本科人才培养模式改革,以适应社会经济发展对人才培养工作的要求,同时针对"三创"精神,由学校宏观掌舵,各专业根据自身专业特点,要求进一步明确地将"三创"精神付诸实践,使"三创"精神确实成为人才培养的指路明灯。形成了"三创"精神与时代发展相结合的培养目标;形成了"三创"精神与专业特点相结合的培养规格;制定了与培养方案配套的鼓励创新创业的政策。

三、"三创"精神融入课程与教材

构建"三创"教育课程体系是培养"三创"型人才的重要保障。"三创"教育的实施在于教学,而教学最基本的体现在于课程设置。按照加强素质教育和培养创新人才的指导思想来创设课程方案，使课程内容反映社会发展和时代的要求，通过学科交叉与融合，更新陈旧落后的课程内容，增加现代科学技术的基本原理及学科的新发展，推进教学内容的现代化，形成“三创”人才培养的课程结构新体系。

（一）创新创业类课程与实践学时比重连年增加的发展趋势

我校于1999年开始就开设了创新创业类课程，从早期的《创新与创造原理》到现在的《创业教育与就业指导》《教育实习与个性培养》《社会实践与理性检验》等课程，到2016版《创业基础教育课程》《就业指导》《大学生职业生涯规划》《体育创新创业方法》《体育创新创业实践》，从十余年前的10学时到现在的26学时，到2016版培养方案的80学时，课程数量越来越多、课程门类越来越细致、课程学时也是大幅度增加。着眼于“创新、创业、创优”的“三创”精神与素质教育、专业教育相融合，着眼于学生创新意识与创业能力的增强，着眼于教育教学质量与人才培养质量的提高，引领学生树立创新精神，勤于思考，积极投身创新型国家建设；构建了以创新创业理念与内容融入专业教学主渠道的创新创业教育体系，增设了创新创业教育通识必修课程、体育创新创业教育专业必修课程、创新创业实践课程，贯穿大学四年的学习生活。

（二）形成了“三创”精神融入课堂教学的课课落实的良好局面

由于创新、创业、创优精神的深入，我校在各门课程的教学大纲中，把培养学生的“三创”精神融入课堂教学中。如健美操教学中，学生应具备能够创编成套动作的能力；大型体育活动策划与组织教学中，学生应具备能够编排大型体育活动与设计体育赛事的能力；健身锻炼方法与评价教学中，学生应具备根据不同健身人群的特点设计健身与评价方案的能力；休闲体育指导教学中，学生应具备创编休闲体育活动的能力。在创业能力培养方面，除我校专门的创新创业类课程群外，其他学科对于学生创业能力培养的关注度也逐渐提升。如作为体育院校第一门专业必修课的《体育概论》课程，要求学生能够根据对自己人生的设计与规划，初步撰写体育专业的创业计划。可以说，目前全校本科课程教学中，形成了课课贯彻落实“三创”精神的良好局面。

四、“三创”精神融入第二课堂、社会实践

“三创”精神在人才培养过程中的作用基点不仅限于课堂，而是注重第一课堂

与第二课堂的有机结合,对学生的“三创”精神培养也放在第二课堂教育过程中。一方面,改变过去以教师为中心、以课堂为主要授课形式、注重研究专业知识的传统教学方式,倡导以学生为中心,加强社会实践教学环节,开展启发式、讨论式和探究式教学方式。通过不断创新教学方法,力求给学生以“三创”教育理念的启迪。另一方面,改变学生被动、机械式的学习方式,倡导自主学习、研究性学习、创新型学习和合作式学习,以培养学生的反思与批判、创造与超越意识,不断超越书本、超越自我,真正成为好学、乐学的学习主体。我校把《体院大讲堂》和《道德讲堂》作为学生的第二课堂。按“三创”精神要求制订《体院大讲堂实施方案》《吉林体育学院道德讲堂建设方案》,并严格按照要求执行。各二级学院根据实施方案要求,结合教育板块制订详细的活动实施方案,确保活动顺利圆满地完成。以党史、国情教育,文学、历史教育,创新、创业教育,文明修身教育,心理健康教育,法律常识教育,典型引领教育等多个板块主题教育开展活动。其中名人论坛、专家讲学、优秀校友、冠军讲坛等栏目,大力推进社会主义核心价值体系建设,使青年学生受到启示,得到收获,精神境界得到提高,世界观、人生观、价值观得到升华。鼓励学生争做文明先锋,为创新、创业提供动力和坚实的思想保障。

加强社会实践教学环节,培养学生的动手操作能力,是推进“三创”教育和培养“三创”人才必不可少的重要措施。学校不只是重视学生理论知识的学习,更要重视实践锻炼与课外活动,通过加强社会实践与创业培训,着重培养学生的“三创”精神与实践能力。我校大学生社会实践工作,连续九年被中宣部、教育部、团中央、中央文明办、全国学联,授予全国社会实践先进单位。主要原因就是在“三创”精神引领下,我校大学生社会实践探索出了一条“项目化管理、课题式运作”具有体育特色的运行模式,把社会实践活动与国内、国际形势相结合,与时代主旋律相融,围绕学校的教育方针和中心工作,客观地反映青年学生成才的内在所需,创造性地开辟新路子,社会实践活动被赋予新的活力,很好地发挥其无法替代的教育功能,社会实践的内容创新、形式创新、模式创新带来了实践过程的创业意识增强和实践效果的创优成果体现。2015 年,为进一步完善创新创业服务体系,学校通过整合校内外各种资源,学校坚持内外并举,对内加大投入,对外积极整合资源的措施,利用多种渠道建设实践基地,分别在南岭、临河两个校区,投入 100 余万元建设了“吉林体育学院大学生就业创业实训基地”,制定并下发了《吉林体育学院大学生创业园管理暂行办法》,为全校学生提供创业导师、创业培训、资产评估、科技项目申报等 20 多项创业服务。目前学校校外实习基地数量已近 70 个,满足了实践教学的基本要求。

吉体院创业字〔2014〕187 号

关于印发《吉林体育学院大学生创业园管理暂行办法》的通知

学校各单位：

现将《吉林体育学院大学生创业园管理暂行办法》印发给你们，望认真组织学习，并遵照执行。

附件：吉林体育学院大学生创业园管理暂行办法

吉林体育学院

2014 年 11 月 13 日

吉林体育学院办公室	2014 年 11 月 20 日印

附件：

吉林体育学院大学生创业园管理暂行办法

第一章 总 则

第一条 为鼓励与引导我校大学生开展创新、创业实践，激发学生的创业兴趣，掌握创业的基本知识和技能，培养大学生创新意识、创业精神，现依据国家和吉林省有关政策及学校实际制定本办法。

第二条 “吉林体育学院大学生创业园”的管理以“孵化项目、择优入园、协调指导、服务咨询、安全规范”为主要工作内容，努力为大学生营造高效务实的创业平台。

第三条 入园创业团队必须遵守本管理办法的规定。

第二章 组织机构及职责

第四条 创业园的领导机构为“创业园管理委员会”，由学校领导、团委、纪检审、教务处、计财处、学工处、就业创业指导中心、基础部、企业法人、校友会等部门负责人组成。

创业园管理委员会职责：

（一）研究吉林体育学院大学生创业园发展规划，制定创业园管理规则。

（二）筹集和管理创业园创业基金。

（三）决定创业项目的资助扶持、入园、退园等事宜。

第五条 创业园管理委员会下设“孵化园”“体验园”“科技园”。

孵化园职责：

（一）负责领导大学生创业联合会，并组织开展各类讲座、沙龙等创业活动。

（二）负责开展创业意识引导、政策法规解读、创业常识讲授等创业培训工作。

（三）受理创业项目申报，并对创业项目进行指导孵化。

（四）负责创业园的宣传工作。

（五）负责大学生创业政策咨询服务。

体验园职责：

（一）组织专家进行项目评审；并择优推荐创业企业与创业园签订合同。

（二）负责对创业团队帮扶、管理经验介绍、业务流程指导等各项实训工作；并协调各学院开设有专业特色的创业课程与讲座。

（三）负责帮助创业团队模拟成立创业企业。

（四）管理和维护体验园公共财产物资。

科技园职责：

（一）紧紧围绕创业园工作目标，为创业企业提供优质的管理和后勤服务。

（二）负责创业企业的科技成果申报。

（三）负责创业园的日常管理，制定创业园管理制度和发展规划。

（四）负责落实各项创业园优惠政策。

（五）负责创业企业的统计、信息收集和资料归档工作。

（六）负责帮助创业企业的宣传、推广等工作。

（七）完成“创业园管理委员会”交办的其他各项工作。

第六条　创业园管理委员会根据创业体验企业的申报情况聘请相关专家组成非常专业的“创业项目评审委员会”。

“创业项目评审委员会”职责：

（一）对创业项目的经营管理能力进行综合评价。

（二）对创业项目的市场前景和可操作性进行综合评价。

（三）对创业项目申请项目的资金投入进行综合评价。

（四）对是否支持创业项目入园提出结论性意见，并对所有创业项目进行排序。

（五）对入园企业延长驻园资格的申请进行评审。

（六）根据对创业团队、创业项目的综合评价向管委会提供合理化建议。

第三章 创业园管理

第七条 申请入园的创业团队必须符合下列条件:

(一)创业团队必须有明确的创业项目。

(二)创业团队负责人必须是吉林体院大三以上(含大三)全日制本科生,在校研究生、毕业三年以内的毕业生。

(三)创业项目获准工商登记注册后,企业法人及51%以上股权持有者必须符合本条第二款的规定。

(四)遵纪守规、诚实守信、无违纪违法记录。

(五)按各学院专业培养方案的要求修完相应创业教育课程。

(六)在校生必须经所在学院审核推荐,研究生还需征得导师同意。

(七)创业团队具备一定的创业项目启动资金和承担风险的能力。

(八)创业团队自愿遵守创业园的相关管理制度,并接受管理。

第八条 创业团队的入园与退出

(一)入园程序

1. 申请入园团队向创业园管理委员会提交《创业计划书》。

2. 接受项目评审委员会专家组评审。

3. 项目经创业园管理委员会审核批准后,提交《创业园入园申请审批表》。

4. 创业企业正式入园后,三个月内应完成工商注册。

5. 入园企业与吉林体育学院大学生创业园签订入园协议。

6. 创业园向社会公布入园或接受资助的企业。

(二)退出创业园

1. 创业企业入园孵化期限原则上为三年。表现良好的企业可在入园合同到期前两个月提出申请,经专家委员会评审批准延长一年驻园资格,获延长驻园资格的企业不超过当年入园企业总数的20%,且需承担一定数额的优惠场租。其他入园企业应在合同到期前退出园区。

2. 入园企业违反创业园管理规定,违反诚实守信原则,经创业园管理委员会审核认定后,责令退出,情节严重者,需承担法律责任,学校保留追缴资助资金的权利。

3. 三个月内仍未注册的入园项目,责令退出创业园。

4. 入园企业因故不能履行合同，创业园管理委员会审核认定后终止合同。

第九条　创业企业管理

（一）入园企业完全自主经营，独立核算，自负盈亏。

（二）保证企业经营活动遵守国家政策、法律和法规，合法经营，照章纳税。如有违反，办公室将提出书面警告处分。情节严重的可责令退出创业园。

（三）入园企业的管理成果、科研成果归企业所有。

（四）入园企业作为独立法人，自行承担入园期间发生的所有经营风险和因企业运营而产生的全部法律责任。

（五）创业园按照《吉林体育学院大学生创业园园区管理规定》和《入园协议》管理入园企业。

（六）创业园评审委员会对入园企业进行年终综合评价。

第四章　创业基金管理

第十条　创业基金的来源

（一）政府提供专项资金作为创业基金。

（二）创业园管理委员会接受的社会捐赠资金。

第十一条　创业基金的申请

（一）接受创业基金资助的项目原则上应拥有一定数量的自筹资金。

（二）创业基金主要用于吉林体育学院大学生创业企业的初期资金支持。单个项目资助额度不超过 3 万元人民币。

（三）创业企业向创业园管理委员会提交《创业计划书》和《创业基金申请审批表》。

（四）创业资金申请由创业园管理委员会根据创业项目评审委员会的意见进行审批。

第十二条　创业基金的使用

（一）创业基金必须专款专用。

（二）创业企业必须定期向创业园管理委员会提交财务报表，应自觉接受创业园管理委员会和学校财务处的检查监督。

（三）吉林体育学院大学生创业园财务部负责监管资助企业的资金使用。

第五章 附 则

第十三条 本办法由吉林体院学院大学生创业园管理委员会负责解释。

第十四条 本办法自公布之日起执行。

五、"三创"精神融入校园文化

校园文化作为社会主义精神文明建设的一部分、作为一种环境教育力量,对学生的健康成长有着巨大的影响。校园文化建设的终极目标就在于创设一种氛围,以期陶冶学生情操,构建学生健康人格,全面提高学生素质。将"三创"精神全方位融入校园文化建设,以培养和造就合乎社会需要的"三创"人才。

以品牌活动为载体,打造全新校园文化建设体系,引导创新精神。校园文化建设体系创新,全校形成了人文与科学相融合的体育教育课程体系;"阳光下成长,和谐中生活"的学生宿舍文化;"课题式运作,项目化管理"学生社会实践活动;"六位一体,共建共赢"的德育工作新模式;"大手拉小手 健身一起走"与长春市部分小学生共同开展的阳光体育运动;"以心迎新"的迎新文化;"我爱母校,文明离校"的毕业教育等。在党的群众路线教育实践活动中,学校党委狠抓十二项整改工作的落实。针对党员干部作风、执行力、工作纪律、会风方面存在的问题,学校把党委书记赵志军在多个会议上提出的"四项要求""五项纪律""六个不能""八个带头"和"九个倡导"作为领导干部作风转变的总体目标,采取加强学习培训、明确工作职责、规范工作程序、完善制度建设、加强督办检查、创新考核方式等办法,加大了对机关工作作风的督查力度。机关各部门采取公开服务承诺,让群众监督的方式,把作风整改工作落到了实处。在对全校干部会议出勤、工作脱岗检查等各项干部作风专项抽检中,没有迟到早退和脱岗现象,会风、文风、干部作风有明显好转,干部执行力明显提高,群众投诉和不良反应明显减少,得到广大师生的好评。校园文化建设中的诸多创新举措带来了显著成效,同时也引导师生员工在工作、学习的方方面面都要以创新思维寻求创新方式,取得更多创新成果。

吉林体育学院2016年“道德讲堂”活动实施方案

为深入贯彻落实《长春市关于“道德讲堂”建设的实施意见》的要求，进一步弘扬传统文化、普及道德规范、宣传道德楷模、引领道德风尚，培育和践行社会主义核心价值观，巩固我校全国文明单位工作成果，结合《吉林体育学院2016年宣传思想工作要点》，特制订《吉林体育学院2016年道德讲堂实施方案》。

一、指导思想

以党的十八大和十八届三中、四中、五中全会精神为指导，贯彻落实习近平总书记系列重要讲话精神，积极培育和践行社会主义核心价值观。以“身边人讲身边事、身边人讲自己事、身边事教身边人”为主要形式，传播凡人善举，推动道德理念入脑入心，努力提升师生员工文明素质，努力提升学校精神文明建设水平。

二、组织领导

为巩固学校意识形态阵地，做好对宣传思想政治工作的引领和管理，确保我校“道德讲堂”建设各项工作顺利进行，成为我校大学生思想政治教育工作的亮点工程，此项活动由学校精神文明建设领导小组负责，日常具体工作由党委宣传（统战）部负责。

三、工作原则

（一）实践性与实效性原则。以师生亲身实践、参与活动、体验学习为主要方式，通过宣讲活动等形式开展工作，活动要具有趣味性、针对性和实效性。

（二）整合与互补原则。将“道德讲堂”与学校各类教育活动相互补充，与家庭、社会教育共同完善,整合学校长期开展实践教育活动的工作经验,综合利用各类已有阵地,以整合和新建相结合的方式逐步推开。

(三)全体性与主体性原则。面向全校师生开展活动,培养健康的心理品质和健全人格;尊重师生的主体地位,鼓励师生主动参与、独立思考,促进师生健康教育整体氛围的形成。

四、目标任务

主要目标:以加强社会公德、职业道德、家庭美德和个人品德等“四德”建设为重点,倡导师生“在家中为长辈尽孝心,在学校为同伴送关心,在社会为他人献爱心”,“做一个有道德的人”,营造“讲道德,做好人,树新风”的浓厚氛围。

具体目标:以提升师生思想道德修养和文明素质为宗旨,形成“好人好报”的社会共识,把促进转化作为建设“道德讲堂”的首要目的,将先进的道德理念内化为群体意识,在行为上由“他律”转向“自律”,引导学生在实践中完善自我,提升素质。努力达到“教育一代人,引导两代人,影响三代人”的建设目标。

五、主要内容

“道德讲堂”以加强社会公德、职业道德、家庭美德和个人品德等“四德”建设为主要内容。

(一)社会公德建设主要包括:文明礼貌、助人为乐、爱护公物、保护环境和遵纪守法等,以“礼仪”为核心。

(二)职业道德建设主要包括:诚实守信、爱岗敬业、办事公道、热心服务、奉献社会等,以“诚信”为核心。

(三)家庭美德建设主要包括:夫妻和睦、孝敬长辈、关爱孩子、邻里团结、勤俭持家等,以“和睦”为核心。

(四)个人品德建设主要包括:友善互助、正直宽容、明礼守信、热情诚恳、自强自立等,以“友善”为核心。

六、讲堂建设

(一)设置地点:学校“道德讲堂”设置在临河校区团书馆二楼,可以满足自学和日常活动使用，如遇重大活动可调整在两校区报告厅举行；目前，各教学单位设置的基层道德讲堂地点不变，继续维护使用。

（二）讲堂布置：“道德讲堂”的布置要突出古朴厚重的主格调。在讲堂外面醒目位置要有“道德讲堂”名称牌子、宣传栏等。按照市文明办要求，讲堂主席台要有背景（背景制作主要由LOGO标识、雷锋头像、“道德讲堂”会标、“积善之家必有余庆、积恶之家必有余殃”经典名言等“基本四要素”组成）、宣讲台、横幅等，台下要摆放整齐的桌椅板凳，墙上要布置经典道德理论的宣传标语。书柜必须要有相关道德书籍的存放。

（三）经费预算：结合学校实际和“道德讲堂”建设需求，合理进行资金投入。

（四）完善队伍：目前，我校基础课教学研究部已经按照市文明办要求，组建了一支自身素养强、道德素质高、文化修养好的道德讲堂宣讲队伍。2016年，学校党政工团负责人、骨干教师要进一步充实进宣讲队伍，邀请或发动校内外各级各类优秀人物代表来校宣讲，进一步完善我校“道德讲堂”宣讲队伍。

（五）活动载体：以团队活动、专题宣讲、主题班会、社会实践等多种渠道为载体，以“五心教育”（忠心献给祖国、爱心献给社会、关心献给他人、孝心献给父母、信心留给自己）“奉献社会、提升自己”为主要内容，通过对在校学生的思想道德教育，不断提升师生思想道德修养，传递社会整能量。

（六）活动流程：

1.“听一首歌曲”：每一次开讲前，组织学唱一首弘扬道德的主题歌曲；

2.“看一部短片”：围绕主题，组织观看一部道德建设先进人物的事迹短片；

3.“诵一段经典”：组织诵读一段中华传统经典语录或征集的公民道德“三字经”；

4.“讲一个故事”：讲述一个发生在群众身边的体现民族传统美德、优秀革命道德、时代精神的典型事例；

5.“作一番点评”：评议身边好人故事，讲述心中感受，品悟道德力量，升华自身境界；

6.“送一份吉祥”：由故事主人公或宣讲员为大家送上一张吉祥卡或纪念品。

（注：各单位可结合实际，创造性地丰富道德讲堂的内容和载体，务求把建设工作做实。同时也要准确把握“道德讲堂”是用来讲道德的，它不是论坛，也不是

培训班,不能同群众文化活动、科普知识讲座等混为一谈。)

七、活动安排

(一)各分院、研究生部要按照《方案》要求开展“道德讲堂”活动,每次活动开展都要设立宣讲主题,明确道德经典,明确主持人和宣讲员,指派一名工作人员做好讲堂签到和活动记录,同时要求留有影像资料。

具体时间安排如下:

1. 2016 年 3 月　体育教育学院
2. 2016 年 4 月　武术与民族传统体育学院
3. 2016 年 5 月　研究生部
4. 2016 年 6 月　运动人体科学学院
5. 2016 年 9 月　体育人文社会科学学院
6. 2016 年 10 月　体育艺术学院
7. 2016 年 11 月　运动训练学院
8. 2016 年 12 月　冰雪学院

(二)在学校校报、校园网、校园广播等开辟“道德讲堂”专栏,对道德讲堂活动进行宣传报道。

八、工作要求

(一)道德讲堂活动是学校精神文明建设工作的一项重要内容,各分院和研究生部要高度重视、认真抓好“道德讲堂”活动,党政负责人要率先垂范,带头走进讲堂,保证“道德讲堂”质量。

(二)道德讲堂活动是学校党委加强师生思想政治教育工作的重要载体,要不断丰富讲堂内容,在按流程开展活动的同时,创新活动形式,不断增强活动的吸引力和感染力,为提高师生思想道德水平发挥更加积极的作用。

(三)道德讲堂活动要充分利用好“体院好人”“吉林好人”“长春好人”“长春市十佳大学生”等身边教育资源,做好典型事迹宣讲工作,最大限度发挥身边典型的示范和引领作用。

(四)道德讲堂活动开展之前,各承办单位要在师生中做好宣传发动工作,调动师生参与“道德讲堂”活动的积极性。

（五）党委宣传（统战）部负责指导各分院和研究生部的道德讲堂活动。研究生部和各分院要在开展道德讲堂活动的前一周，形成本单位“道德讲堂”活动方案，报送党委宣传（统战）部审核。

（六）各单位每次道德讲堂活动结束后，相关资料要全部整理归档（纸质资料、影像资料、出勤记录等），并报送党委宣传（统战）部。

（七）为推动道德讲堂活动的开展，提高道德讲堂活动质量，今年学校将开展“道德讲堂”评比活动，精神文明领导小组成员将深入各单位道德讲堂，并于年终评选出道德讲堂活动开展先进单位进行表彰。

吉林体育学院精神文明领导小组办公室

2016年3月28日

关于深入学习讨论赵志军书记在相关会议上对党员领导干部提出系列要求的通知

各基层党委、党总支、直属党支部：

自学校党的群众路线教育实践活动开展以来，党委书记赵志军同志在相关会议上都做了重要讲话，对学校党员领导干部的行为规范提出了一系列具体要求，对学校党员领导干部改进观念、改进作风、改进工作、改进形象具有重要的指导意义。请各党总支结合前一阶段学习教育和工作实际，组织全体党员进行认真学习，并就“如何以四项要求、五项纪律、六个不能、八个带头、九个倡导规范言行，做一名优秀的共产党员、一名优秀的党员领导干部”开展专题讨论，结合本单位实际提出具体落实意见和相关要求，并将讨论情况和落实意见于 3 月 26 日之前报党委宣传部。

附：赵志军书记在相关会议上对党员领导干部提出的系列要求

党委宣传（统战）部

2014 年 3 月 18 日

吉林体育学院党员领导干部作风建设要求

四项要求：

1. 要以积极的心态面对新形势和新挑战；

2. 要规范自己的行为，加强师德师风建设；

3. 要树正气、弘扬正能量，创建优良校风；

4. 要守纪律，做表率。

五项纪律：

1. 政治纪律；

2. 组织纪律；

3. 财经纪律；

4. 工作纪律；

5. 生活纪律。

六个不能：

1. 不能对本职工作精力溜号、三心二意；

2. 不能对自身不足得过且过、知错不改；

3. 不能对师生群众居高临下、傲慢无礼；

4. 不能对组织安排讨价还价、我行我素；

5. 不能对上级决议心存杂念、落而不实；

6. 不能对党纪政令有禁不止、有令不行。

八个带头：

1. 带头学习指定内容；

2. 是带头撰写学习笔记、体会和理论文章；

3. 带头宣讲；
4. 带头广泛征求意见；
5. 带头深入群众；
6. 带头谈心与交流思想；
7. 带头查摆问题与不足，开展批评与自我批评；
8. 带头整改。

九个倡导：

1. 倡导和大兴理论学习之风；
2. 倡导和大兴为民务实之风；
3. 倡导和大兴改革创新之风；
4. 倡导和大兴联系群众之风；
5. 倡导和大兴清正廉洁之风；
6. 倡导和大兴团结和谐之风；
7. 倡导和大兴批评与自我批评之风；
8. 倡导和大兴艰苦创业之风；
9. 倡导和大兴谦虚谨慎之风。

领导干部以身作则是保持党员先进性的关键因素

——讨论赵志军书记在相关会议上对党员领导干部提出要求

人事处

讨论时间:2014－03－25

参加人员:孙玮　王丽　李颖

讨论记录:

近日,赵志军书记在相关会议上,对党员领导干部提出了四项要求、五项纪律、六个不能和九个倡导,对于学校的发展和改进党员领导干部工作作风具有重要的指导意义。在新的历史时期,加强党的自身建设,提高党的执政能力,没有一大批才德兼备的领导干部带头继承和发扬党的优良传统,加强和改进党的作风建设的现实任务也不可能完成。领导干部以身作则,自身具有良好的素质修养,并带头发扬党的优良作风,成为党的建设工程的合格领导者,成为弘扬党的光荣传统的模范,是保持共产党员先进性的重要前提。

一、领导干部是党的作风建设成败的决定性因素

马克思主义政党历来重视党的干部问题,党的各级领导干部是党的事业的中坚和骨干,是实现党的领导、巩固党的组织、调动广大党员群众积极性、充分发挥党的战斗力的决定性力量。邓小平同志强调:正确的政治路线要靠正确的组织路线来保证,中国的事情能不能办好,从一定意义上说关键在人。因此,党的作风建设关键也在人,关键在各级领导干部。这充分说明,各级领导干部在加强和改进党的作风建设中的至关重要的地位和作用,是党的作风建设的决定性因素,决定着党的作风建设的一切。

二、领导干部是党的作风建设的重点对象

必须看到,也有相当一部分领导干部的思想政治素质、精神状态、工作作风和领导水平还不适应或不完全适应形势任务的要求,在党性党风方面存在一些突出问题,有的还相当严重。比如有的领导干部忽视马克思主义理论学习,学风不正的问题比较突出;有的领导干部政治观念淡薄,缺乏政治敏锐性和政治鉴别力。往往在重大原则问题上分不清是非,对明显违背马克思主义、违背党的基本路线和政策的错误言行,不抵制、不斗争,态度暧昧、回避矛盾;有的领导干部宗旨观念不强,淡忘了全心全意为人民服务的宗旨;有的领导干部作风漂浮,工作上急功近利,往往热衷于搞形式主义;有的领导干部违反民主集中制,无视组织纪律,往往不能自觉地在思想上、政治上与党中央保持一致,对上级的指示决定,合意的就执行,不合意的就不执行等等,这些党性不纯、党风不正的问题,在领导干部中虽然属于个别现象,但是,在实践中的危害是极大的,它败坏了党在群众中的形象,降低了党的凝聚力和号召力,使党的路线、方针、政策在贯彻执行的过程中变调走样,严重损害了国家和人民的利益。因此,现实的政治和社会生活实践证明,在党的作风建设中,必须把领导干部作为重点对象。只有解决好领导干部的思想作风、工作作风、领导作风、学风和生活作风,才能带头体现共产党员的先进性,也才能带领广大党员群众去做工作、干事业。

三、领导干部在党的作风建设中必须具有示范作用

领导干部以身作则的示范作用应该体现以下几个方面:

一要坚定正确的理想信念。树立共产主义理想,并为之奋斗终生,这是领导干部的首要条件。要通过学习马克思主义理论,善于透过现象看本质,而不为一些暂时的、表面的现象所迷惑,在不同思想文化激荡的环境中,把理想信念寓于实际工作之中。

二要执政为民。为人民服务是共产党人价值观的核心,是保持共产党人纯洁性的重要表现,是共产党人毕生奋斗的永恒主题。在新的世纪,领导干部要实践好全心全意为人民服务的宗旨,必须正确对待和使用手中的权力,必须坚持人民的利益高于一切。

三要遵守纪律。党的纪律是由党的性质决定的，是各种党内规范的总称，是党组织和党员必须遵守的行为准则。作为领导干部都应自觉地加强纪律修养，从各方面严格要求自己，把纪律和法律转变为高度的自律，做到时刻警醒，不能满足于良好的自我感觉。

四要优化人格。完美的人格是一定社会或阶级的人们道德品质修养的最高境界和要求。领导干部的人格，就是领导干部的品德资格和为人民服务的品格，是非权力影响力的外在表现。加强人格修养，追求崇高的人格，就要自尊自重。换言之，自尊自重是形成崇高人格的内助力。

五要重视和接受监督。掌权者如果没有监督制约，随时都有被权力腐蚀的可能性。领导干部加强党性修养，就必须增强接受党组织和群众监督的自觉意识，主动接受党组织和群众的监督。要带头遵纪守法，遵守和维护民主集中制的各项制度，摆正自己在党内的位置，虚心听取别人的批评。

四、作为高校党员干部应该做到以下五项要求

（一）要加强学习，提高思想政治素质和业务能力水平

作为学校管理岗位的干部，要加强政治理论学习，掌握国家的教育政策方针，特别是教育的政策法规，提高政策水平，做到讲政治，讲政策，不断提高思想政治水平。要不断加强业务理论学习，提高从事本职岗位的能力水平，要善于思考、勤于钻研业务，要精通业务，提高工作能力水平，通过政治思想和业务能力水平的提高，进而提高履行岗位职责的能力和做好本职工作的本领，干部要加强个人修养，提高自身素养，使自己成为高素质、高能力、高水平的干部。

（二）要提高大局意识，加强团结协作，营造和谐稳定的校园环境

管理岗位的领导干部要从有利于职教事业发展，有利于学校发展，有利于学生教育培养，办家长、学生满意教育出发，围绕大局和学校中心工作，团结协作，要避免本位主义，避免从小团体、部门利益出发，部门间要相互团结，工作上相互支持，相互配合。中层干部是部门的负责人，要做团结协作的表率，要积极主动化解教师中的矛盾和误解，要有气量，心胸宽广，团结和谐稳定是事业发展，学校进步的前提和保障。

（三）要恪尽职守，勤奋工作，勇于奉献，创造佳绩

高校党员领导干部要按照岗位职责要求，恪尽职守，勤勤恳恳、兢兢业业地履行好自己的岗位职责，做好自己的本职工作。作为干部要有奉献精神，敬业精神，要有热情周到地为师生服务的精神。所以，作为干部要摆正位置，要深入教师，密切联系群众，从群众来到群众中去，要从实际出发，解决实际问题，为师生做好服务，为师生解决实际困难。

（四）要以身作则，起模范带头作用

党员干部要以身作则，要求教师做到的干部必须首先做到。干部要接受教师的监督考核，在各个方面要起到模范表率作用，要成为进步思想的表率、要成为勤奋敬业的表率，要成为团结协作的表率，要成为创造佳绩的表率。每个部门都有各自的常规性工作，党员干部要把常规性工作做实做好，在此基础上，要不断创新工作思路，多为学校的改革发展献计献策，使学校焕发生机和活力。

（五）要不断提高工作的执行力，不断提高工作效率

党员干部作为学校工作的中坚力量，坚决不允许有令不行，有禁不止，党支部和学校的政令不能得到贯彻落实，不能得到很好执行。必须做到政令畅通，有令则行，有禁则止，保证学校各项决定有力执行，保证各项工作的顺利开展。

党委组织部、党校公开承诺

1. 强化理论学习,提升服务能力。进一步提高理论素养,增强把握和运用政策的能力,切实增强服务能力和服务水平。

2. 改进工作方法,密切联系群众。切实做到指导工作到基层,转变作风办实事,密切联系群众。

3. 严把党员发展,切实做到“三严”。严格遵守党章规定,严格培养过程,严格审批程序。

4. 加强党员管理,履行党员义务。严格按照党章和党内规定管理党员队伍,牢记党的宗旨,履行党员义务。

5. 强化制度执行,规范办公程序。强化各项制度的执行力度,规范办公程序,狠抓工作落实。

6. 转变工作作风,落实首接负责。对办事人员和来访群众热情接待、周到服务,不推诿扯皮、敷衍应付,切实落实首接负责制。

7. 加强自身建设,树立良好形象。进一步严明纪律,彰显敢于担当的负责精神,树立业务精、作风好的良好形象。

宣传(统战)部服务承诺

一、强化服务意识

牢记宣传(统战)工作宗旨,积极服务学校中心工作,积极配合各院(部),各部门工作,以饱满的工作热情和勤勤恳恳、兢兢业业的工作态度做好宣传(统战)工作。以热情、礼貌、周到、方便、高效的服务态度和工作作风,为学校各院(部)、各部门提供最佳服务。

二、遵守职业道德

认真履行岗位职责,廉洁自律,克己奉公,不以权谋私,公平公正地处理接办的事宜。模范执行党的政治纪律、组织纪律、财经纪律、工作纪律和生活纪律,严格遵守学校的宣传制度和保密制度,注意维护学校的形象。

三、转变工作作风

牢固树立群众观点,自觉践行群众路线。深入开展“走基层、转作风、改文风”活动,使新闻报道能够围绕中心、服务大局,贴近实际、贴近生活、贴近群众,增强新闻宣传吸引力感染力。

四、提升工作质量

凡以宣传部名义或参与有关工作形成的材料,要严格规范材料格式,讲求材料质量。发送文件、资料和通知做到及时、准确、无误。有关业务指导及时、详细、深入。组织有关的宣传、学习活动讲求实效,针对性强。

五、实行首问责任制

对来电、来信及来宣传部办事的校内外工作人员，若属于首问人职责范围的，首问责任人必须说明情况，并介绍到相关科室经办人办理；若经办人不在，应问明事由，做好记录，而后交经办人处理。做到不搪塞，不推诿，设身处地为对方着想。

六、实行接办事宜限时制度

对有关单位和个人到本部门办理有关业务，能即时办理的即时办理，不能即时办理的则要解释清楚，并尽快给予办理，绝不拖延时间或推卸责任。对上级交办的任务及时完成。办事做到原则性和灵活性相结合，急事急办，特事特办。

七、注重部门形象

保持办公场所的整洁，工作环境的雅静。宣传工作人员上班做到衣冠整洁大方，对来办事的人员应热情接待，服务周到。做到：来有迎声，问有答声，走有送声。服务中使用文明用语。

学生工作处公开承诺书

一、提高政治意识、加强理论学习和党性修养，坚持正确的政治方向，严守党的纪律，思想行动上始终和党中央、学校保持高度一致，努力打造一支思想过硬的学工团队。

二、改进工作作风、强化宗旨意识，坚持求真务实的工作作风，做到求实、务实、踏实，简化工作程序，深入学生中倾听学生心声，解决学生问题，一切为了学生、为了学生的一切，学生提出的事 1 ~ 5 个工作日解决，不能解决的 3 个工作日内回复,以学生满意为最终目的。

三、严格遵守规章制度、强化组织观念和工作纪律,严格办事程序,按制度办事,学生的奖、助、贷、学费减免,学生违纪实行“三公开”“三满意”原则即:公平、公正、公开,学生满意、家长满意、学校满意。

四、工作中和生活中即坚持团结紧张,又要坚持廉洁自律原则,提倡勤俭节约、艰苦朴素,努力营造高素质、有担当、健康和谐、愉快向上的团队。

五、加强学工队伍建设,通过各种培训学习、优胜劣汰,促进内涵发展,努力适应新形势下学生思想工作发展需要。

学校办公室承诺书

一、贯彻学校各项文件要求及会议精神,强化党员干部政治意识和政治纪律意识,保证工作的实效性;在工作中以“服务学校、服务师生”为工作重心,一个服务者的心态积极开展各项工作。

二、坚持艰苦朴素的工作作风,严格遵守中央的八项禁令,远离奢靡之风、享乐之风。

三、明确工作人员的工作职责,保证工作有序开展,坚决杜绝工作扯皮、互相推诿。在工作职责范围内,加大力度解决事关群众切身利益的各项问题,做到工作不走过场。

四、严守工作纪律,杜绝有令不行,有禁不止,保证本职工作精力不溜号,继续强化工作责任心和奉献精神;加强工作执行力,切实发挥好办公室的联系、协调、督察督办等工作职能,确保相关工作有序开展。

充分利用现有资源，拓展校园文化建设空间，凝聚创业共识。由于学校办学空间有限，校领导一直努力寻找各种可能途径拓展物理空间。2014年9月，经多次沟通协商，紧邻我校的长春城市湿地公园打开了一扇与我校临河校区相通的门。学校以打开临河校园与湿地公园的通道为契机，及时启动了文明礼仪教育和为园区精神文明建设做贡献行动。《吉林体育学院文明礼仪公约》宣讲教育实现了校园全覆盖，广场舞、太极拳、健美操等专业辅导志愿者有组织地进入公园，极大活跃了湿地公园文化活动氛围，学校的社会服务功能和公众认可度得到提升，学校精神文明建设成果得到了传播，长春湿地公园成为精神文明建设的增长点。在国家、省、市体育局的支持下，从2015年起已连续三年由我校承办，每年在长春湿地公园举办一次公益性"大众冰雪季"体育活动，现已成为长春市一个冬季品牌活动。全力打造长春湿地公园体育文化特色，为城市精神文明建设增添新亮点，吉林体育学院在城市精神文明建设中的作用更加凸显。创造一切条件为学校事业发展，这种精神感染、鼓舞着全校师生员工，无形中也凝聚起人人想创业、努力去创业的共识。

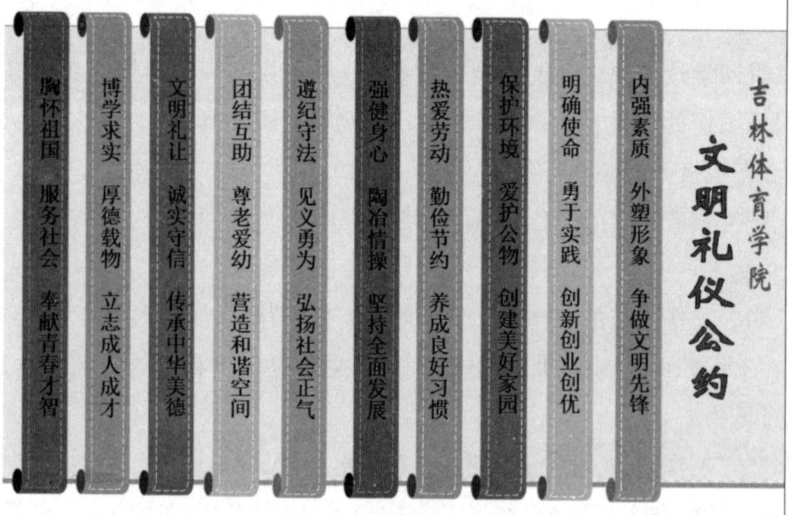

关于吉林体育学院学生在北海路湿地公园活动的暂行管理办法

第一章 总则

第一条 北海路湿地公园,建立于2013年,是长春市重点水源保护对象之一,属于公共场所。为增加学生业余休闲场所,方便学生进入北海路湿地公园,也便于学生利用所学专业在园区内为市民服务。经有关部门同意,学校将在临河校区北苑北墙开设通道。为维护公园秩序,保护公园设施,展现体院学生的文明素养,特制订如下规定:

第二条 本办法适用于我校在籍的各类学生。

第二章 公园的各项管理规定

第三条 严禁把生物、物理、化学的各种因素(如宠物、管制刀具、化学药品试剂、瓜果皮屑、废弃物品等)带进公园内,影响公共场所的安全和卫生质量。

第四条 严禁在公园内钓鱼或组织相关活动。

第五条 严禁在公园内组织开展、参与烧烤野炊等活动。

第六条 严禁在公园内吸烟、酗酒、赌博、搭帐篷等。

第七条 严禁在公园内游泳、野浴、溜冰(学校统一组织的除外)等活动。

第八条 严禁在公园内乱写、乱贴、乱画等。

第九条 严禁在公园内说脏话、赤膊、撕疯打闹等。

第十条 严禁在公园内进行自行车、轮滑、滑板等运动。

第十一条 严禁在公园内攀爬危险物、接触各种电器类设备。

第十二条 严禁在公园内破坏花草、树木及公共设施(监控、音响、提示牌)。

第十三条 严禁在公园内捕捉、惊扰园内动物。

第十四条　严禁在公园内发放传单、兜售商品、摆地摊销售各类商品。

第十五条　严禁在公园内出现与大学生身份不符的行为举止。

第三章　在公园内开展活动的倡导

第十六条　倡导广大学生在公园内活动时要互助互爱、互相关心。

第十七条　倡导广大学生在公园内活动时要尊老爱幼。

第十八条　倡导广大学生在公园内活动时要爱护公共设施、保护公共财产。

第十九条　倡导广大学生在公园内活动时要注意公共卫生，预防蚊虫叮咬及各种流行性疾病的传播。

第二十条　倡导广大学生在公园内活动时要管好自己财务，不给别人添麻烦。

第二十一条　倡导广大学生在公园内活动时要讲文明、树新风，争做文明使者。

第四章　违禁行为惩罚措施

第二十二条　随意携带宠物、管制刀具、化学药品试剂、瓜果皮屑、废弃物品入园者，视情节给予严肃处理。

第二十三条　在公园内钓鱼或组织相关活动，视情节给予严肃处理。

第二十四条　在公园内组织开展参与烧烤、野炊等活动，视情节给予严肃处理。

第二十五条　在公园内吸烟者，视情节给予严肃处理。

第二十六条　在公园内游泳、野浴、溜冰（学校统一组织的除外）者，视情节给予严肃处理。

第二十七条　对于损坏公共设施者除按原价赔偿外，视情节给予严肃处理。

第五章　监督检查与服务

第二十八条　由学工处、各学院成立学生自律组织，定期对公园内不文明情况进行监督检查，对各种不文明行为进行劝阻和教育。

第二十九条　学生自律组织要协助公园管理部门做好公园公共设施的检查

上报等工作。

第三十条　学生自律组织要协助公园管理部门做好公园环境卫生的监督检查和清理服务等工作。

第三十一条　学生自律组织要协助公园管理部门做好其他力所能及的工作。

第六章　附则

第三十二条　本规定由吉林体育学院学生工作处负责解释。

第三十三条　本规定自公布之日起施行。

吉林体育学院学生工作处

2014 年 8 月 27 日

发挥榜样示范作用,丰富校园文化建设载体,激励创优热情。在全校组织实施了“党建品牌培育工程”,围绕“党味浓,新意强,效果好,名气大、时效长”的创建标准,按照项目化运作管理,通过品牌立项、品牌培育、品牌申报、品牌认定等步骤,实行一年两评、民主评议、动态排序、奖励优胜,形成长效机制,培育打造了“青马工程勇实践　践行三创育英才”“党建进公寓”“让党旗在志愿服务中高高飘扬”等 12 个特色鲜明、主题突出、成效明显的基层党建品牌,充分利用党建平台践行“三创”精神。坚持每年开展“十佳大学生”评选活动、“十佳大学生”校园巡回报告会、“体院好人”评选活动。坚持每月开展“道德讲堂”活动,并采取多种方式大力宣传先进典型的事迹。积极参与“吉林好人引领风尚——培育和践行社会主义核心价值观”主题实践活动,先后推出了“吉林好人 · 最美教师”教师党员杨明、“长春好人标兵”学生党员王源祥,长春市“十佳大学生”戚菁等多个师生先进典型。校党委下发了向他们学习的决定,党委宣传部在学校精神文明建设工作经验交流会上、在校园网、校报、微信公众平台上广泛宣传他们的先进事迹,在校园内掀起了向榜样学习的热潮,向社会传递了正能量。榜样在身边,我们比比看,争优、创优的热情在师生员工中悄然兴起。

关于公布吉林体育学院 2016 年上半年学校基层党建品牌评审结果的通知

为深入开展“两学一做”学习教育，进一步创新载体活动，积极探索新形势下抓好基层党建工作的新思路、新方法、新举措，按照“一年两评，动态排序”的党建品牌评选办法，2016 年 6 月 15 日，学校召开基层党建品牌评审会议，党建工作领导小组组成的评审组对 14 支党建品牌进行评审，经学校党委研究决定，评出一等奖四个，二等奖五个，三等奖五个，评审结果如下：

一等奖

运动训练学院党总支《党建“三进”当先锋》

体育教育学院党总支《信念擎起心中的国旗》

冰雪学院直属党支部《“冰雪号”信仰动车》

武术与民族传统体育学院党总支《青马工程勇实践　践行“三创”育英才》

二等奖

运动训练学院党总支《壹圆星光》

体育人文社会科学学院党总支《让党旗在志愿服务中飘扬》

机关党总支学工处党支部《党建进公寓》

图书馆党总支《把党建功夫下在优质服务上》

研究生党总支《“先锋启航实践俱乐部”》

三等奖

运动人体科学学院党总支《与爱同行，共筑梦想》

体育艺术学院党总支党建引领《德艺飞翔》

基础课教学研究部直属党支部《在教书育人中辐射党的光辉》

省体校分党委《运动拼搏树党风　敬业爱岗铸师魂》

后勤党总支《党建为优质服务领航》

中共吉林体育学院委员会

2016 年 6 月 23 日

道德讲堂

吉林体育学院2014年度十佳大学生校园巡回报告会
2014年度十佳大学生校园巡回报告会

第二节 保障有力,“三创”精神畅行办学育人全过程

一、学校党委重视,定为办学特色

学校党委充分认识到“三创”教育作为我国未来高等教育深化改革发展的必然要求,已不仅是高等教育人才培养模式的创新、教育形式与内容的改革,更是对教育理念的发展,对教育价值的全新阐释,这也正是吉林体院面临的重大问题。我校党委书记赵志军教授在多年的工作实践中探索、研究并践行“三创”教育,取得了诸多成果。为此,学校党委对于在学校未来发展过程中大力倡导“三创”精神予以高度赞同。在党委会上、党委理论学习中心组的学习等会议上,“三创”教育理念很快被大家所接受并逐渐深入人心,学校领导和教师自觉学习“三创”教育理论,提高对其理论意义和实践价值的认知程度,了解“三创”、研究“三创”、落实“三创”、升华“三创”。在办学指导思想、培养目标中明确提出了“三创”精神,提出要逐步形成“三创”精神融入办学育人全过程的办学特色,按照更新和调整后的顶层设计,学校在教学、科研、行政管理、党的建设、思想政治工作和校园文化建设等各个方面都作相应的调整,形成全方位、全过程融入“三创”教育的格局。

学院召开“学习贯彻省十次党代会精神”大会

6月6日下午，学院在临河校区报告厅，隆重召开了“贯彻省十次党代会精神，继往开来谋求科学发展”主题大会，全体教职员工和部分学生党员代表出席大会，大会由张瑞林院长主持。

会上，党委书记赵志军同志从三个方面传达并解读了省十次党代会精神。他指出，省委书记孙政才同志所作的报告，立意高远，内涵深刻，通篇贯穿了“科学发展、加快振兴，让城乡居民生活得更加美好”这一主题，集中反映了全省广大党员、干部和人民群众的愿望。我们除了要学习具体内容外，更重要的是把握其思想方法，用来指导我院的各项工作的开展，要在联系我院实际工作上下功夫。

一要准确判断发展阶段，进一步凝聚发展共识。赵书记结合省十次党代会精神和我院实际，指出我院正处在有史以来内、外环境最有利的发展机遇期。外部环境形势大好，内部环境基础扎实，积累了大量的宝贵精神财富，领导班子同心协力共谋学院发展大计，中层干部年富力强是学院发展的中间力量，全院教职工人心思进，对学院发展充满渴望、期待，想学院未来、急学院发展的巨大力量蓄势待发。

二要在“结合”上抓落实，推动学院科学发展。一是把中央精神和吉林实际相结合。二是理论与实践相结合。三是连续性与创新性相结合。四是发展与民生相结合。对学院来讲，就是要坚持学院发展与保障师生员工利益相统一，把师生员工关注的发展与民生重点问题作为我们思考问题的出发点与落脚点，让全院师生共享学院发展成果。

三要在科学规划上抓落实，确立学院中长期发展目标。在学院今后的发展中，最需要的就是解放思想，增强改革、开放、创新、创业、创优意识；最需要坚持的就是科学发展、育人为本、科研先导、人才兴校、善于服务；最需要注重的就是确保规模、结构、质量、层次、效益统筹兼顾、协调发展；加强党的建设、干部队伍建设、教师队伍建设、人才培养体系建设、学术评价体系建设、规章制度体系建设、基础设施建设和外部环境建设。

四要在“根本保证”上抓落实，为学院发展奠定思想基础。要切实加强班子和干部队伍建设，加强基层党组织建设，加强党员干部作风建设，要充分发挥群团组织、关工委、督导组老同志、民主党派的作用。

赵书记在报告的最后，就如何学习贯彻省十次党代会精神的提出了三点要求：一要组织好教职工的学习，要把学习贯彻党代会精神与干部教育培训工作、加强领导班子建设结合起来，与开展基层组织建设年、创先争优和“三帮扶”活动结合起来；二要宣传好会议精神，通过召开座谈会、组织研讨班、举办报告会等多种形式，深入开展学习宣传活动；三要增强学习贯彻的实效性，结合本部门、本单位实际，在创新工作思路、提高队伍素质、增强凝聚力、执行力、战斗力上见实效。

最后，张瑞林院长作总结讲话，他结合省十次党代会精神和赵志军书记的讲话，从学院工作实际出发，明确提出了学院在今后发展中的七点意见：一是要以省十次党代会精神为指导，认清当前高等教育所面临的形势和挑战，着力推进思想大解放；二是要以省十次党代会精神为指导，坚持以提高人才培养质量为核心，着力完善人才培养体系；三是要以省十次党代会精神为指导，积极贯彻实施“人才强院战略”，着力提升师资队伍建设水平；四是要以省十次党代会精神为指导，实施分类指导原则，着力完善学院学术评价体系；五是要以省十次党代会精神为指导，进一步提高全院教职工的敬业精神和工作积极性，着力推进学院人事分配制度改革；六

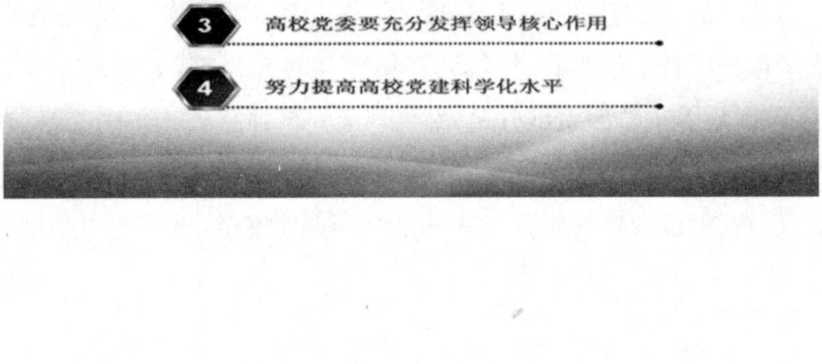

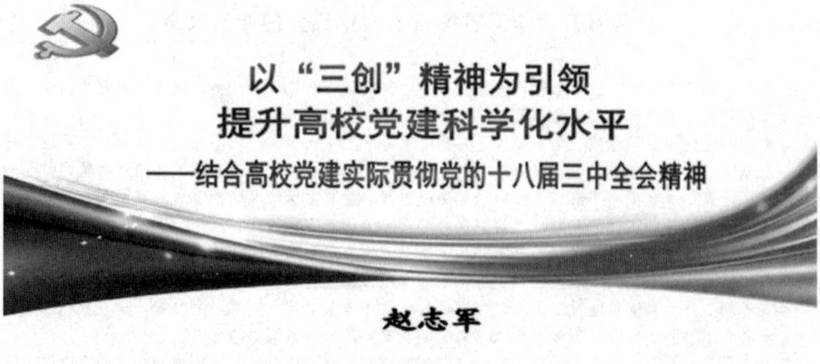

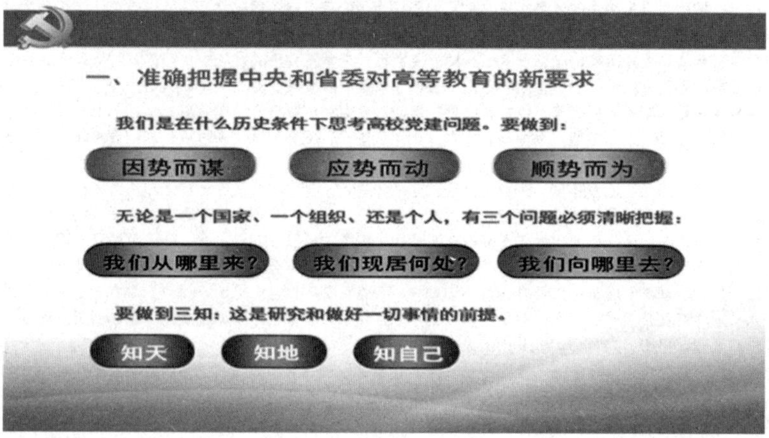

二、培养"三创"教师，提供师资保证

教学活动是"三创"精神融入办学育人全过程的主战场，教师是其中的关键因素，加强师资队伍建设是关键因素和重要条件。"三创"精神教育所涉及的知识体系较为繁杂，是跨学科、跨专业和多种知识技术统一的理论体系，对教师的综合能力要求很高，教师的学识、经历和经验很大程度上决定着"三创"教育的效果。加强"三创"教育师资队伍建设，一方面通过组织和鼓励"三创"教育教师参加国内外高水平的创新教育论坛和研讨活动，开拓创新教育视野；支持教师参与学生的创新实践活动，培养创新的思维方式，凝练创优的精神品质；组织"三创"教育教师参加就业创业政策解读和示范活动，加强对创业相关政策的认知，不断提升自身进行创业、创新、创优教育的能力。另一方面，构建"校企合作"的创业教育实践互

动机制,派遣创业教师与企业共同制定创业实践互动机制,定期派遣创业教育教师到企业进修、实习,使创业教师到生产第一线参与生产工艺流程的全过程,了解企业产品从设计到营销的创新理念,从而有效破解创业教师结构性的矛盾,提升师资实践素质,保证教学的需要。同时,扩大“三创”教育教师队伍范围,邀请社会知名的创业大师、优秀的创业成功校友等进校园分享创业成功经验,邀请现阶段创业失利,仍在艰难创业的“创业战士”走上讲台,共同总结创业的艰辛,让他们现身说法,与师生分享创业经历,是对师生最有说服力的经验式传承。通过多种方式和渠道,提高“三创”教育教师的理论知识和技能水平,努力建立一支高素质的师资队伍,为“三创”教育的可持续发展奠定良好的教育基础。

学校特别加强了对新入编人员、全体教师、机关干部和辅导员的培训,党委书记赵志军亲自参与培训讲“三创”精神;培训注重实效进行考核评定,加入了对“三创”精神的理解和把握。只有让教育者把“三创”精神理解消化并运用在实践中,在人才培养过程中发挥主动性和能动性,通过教师的引领和培育作用,学生才能够受到更多创新、创业、创优意识的熏陶和启迪,“三创”教育成效才会更加有效,成果才会更加丰硕。

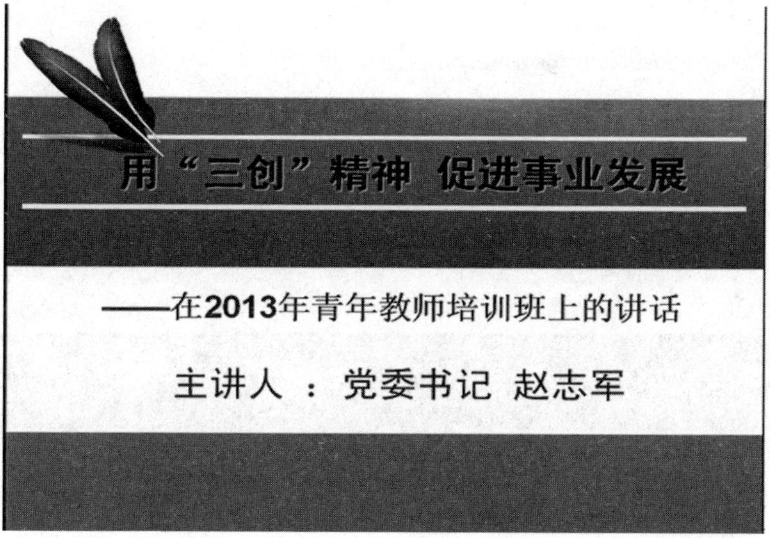

讲座主要内容

一、如何认识吉林体育学院

二、吉林体院需要什么样的员工

三、怎样才能在吉林体院平台上大有作为、健康成长

特殊要求：
爱岗敬业——务实重行，乐业奉献
爱院如家——院荣我荣，院耻我耻
合作共事——战友精神，团队精神
“三创”精神——创新、创业、创优

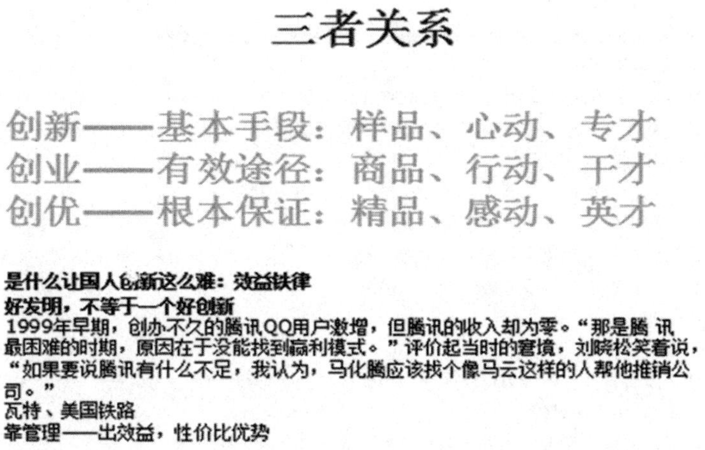

三、深化科学研究，坚实理论基础

我校党委书记赵志军教授，对创新、创业与创优教育进行深入研究与思考已经持续了十余年。无论在吉林工学院（现为长春工业大学）、吉林省高校工委、吉林省教育科学院，还是在白城师范学院、长春金融高等专科学校以及吉林体育学院，始终没有放弃对创新、创业与创优教育的理论思考，始终没有离开对培养创新、创业与创优人才的实践探索，始终没有停滞对“三创”精神在高校办学过程中大力推行的倡导。我校创立的“三创教育研究基地”获批为第二批吉林省高等教育研究基地。

对“三创”精神的研究和探索产生了许多有助于在教育教学实践中更好地实施“三创”教育，不断提升“三创”精神融入办学育人全过程的层次和水平，从而取得更好的人才培养质量的提高。如：赵志军《“三创”教育体系化构建：意义、逻辑基点及路径》《将创新、创业与创优理念融入各级各类教育》《“三创”教育：意义、逻辑基点、体系化构建》《高等教育的重要使命：“三创”品质的集成嵌入》；何萌《思政教学中加强“三创型”人才培养初探》《构建大学生创业教育的长效机制》；李志强、赵洪媛《实施“三创”特色文化教育 助力学生成长成才》；吴敏《学生就业创业指导课程项目化改造的探索》等。

双月刊 2014 年第 1 期(总第 267 期)

本期执行编辑 秦卫波 特约英文编辑 刘国清 封面设计 刘绍勇 出版日期 2014 年 1 月 20 日

DOI:10.16164/j.cnki.22-1062/c.2014.01.043

2014年第1期 东北师大学报(哲学社会科学版) No.1 2014
总第267期 Journal of Northeast Normal University(Philosophy and Social Sciences) Sum No.267

“三创”教育体系化构建:意义、逻辑基点及路径

赵志军
(吉林体育学院,吉林 长春 130024)

[摘 要]创新、创业、创优既相互联系,又相互依托,统一于事业发展和人才成长的时代要求。构建“创新、创业、创优”教育的完整体系不仅体现了与时俱进的时代精神,而且也反映其自身的理论逻辑、实践逻辑与思维逻辑的必然要求,对于优化人才储备、实现民族复兴、促进人的全面发展具有重要意义。从更新教育理念、调整培养方案、创设环境氛围、建立教师教育机制四个层面推动“三创”教育体系的有效构建,把“三创”意识、“三创”品质、“三创”能力的培养整合嵌入教育全过程,为实现“中国梦”培养高素质人才。

[关键词]创新;创业;创优;教育;逻辑基点
[中图分类号]G64 [文献标志码]A [文章编号]1001-6201(2014)01-0159-04

创业教育、创优教育与创新精神的培养具有内在的一致性。今天的形势发展更需要“创新、创业、创优”的统一,即“三创”整合嵌入教育及社会实践全过程。因此,基于理论逻辑、实践逻辑、思维逻辑,深入研究并构建“三创”教育体系不仅有利于提升学生的创新品质、创业能力和创优意识,而且对于彰显具有中国特色、中国风格和中国气派的教育创新具有重要意义。

一、“三创”教育体系化构建的意义

(一)构建“三创”教育体系适应了经济社会发展对教育的呼唤

随着经济社会的发展,促使“三创”成为一个有机整体。从人的社会生产活动来看,创新可以出新产品,但新产品不一定都能成为社会广泛共享的商品,需要创业者创建企业,生产和销售新产品,使之成为商品投放市场为消费者购买享用。瓦特虽然发明了蒸汽机,由于没有创办企业生产出可出售的具有使用价值的蒸汽机商品,致使其贫困潦倒。后来他的儿子和企业家联合创业办厂,把蒸汽机从实验室转入生产车间,制造出可在社会生产中使用的蒸汽机,通过出售商品蒸汽机获得大量财富,实现了从创新到创业,从产品到商品,从个人劳动到社会劳动的转化,从而使这种劳动成为有效的、可持续的社会劳动。可见,没有创业的产品创新是不可持续的。进入到市场经济比较发达的阶段,人们总结许多新创企业寿命不长的原因时发现,仅有创新、创业还不够,还必须有创优,只有你的产品在性能、价格、环保、外观、售货服务等各个方面都是最优的,才能占领市场,而且还要不断优化,才能立于不败之地。可见,创新出产品、创业出商品、创优才能出精品,只有精品才能最终实现价值,只有创优才是有效劳动。同理,教育劳动也是如此。教育必须为社会培养所需要的人才,当今中国社会迫切需要“三创”人才,这就要求各级各类教育主动调整、主动适应。从这个意义上说,“三创”教育缺一不可,必须形成完整的教育体系。

(二)构建“三创”教育体系是为实现“中国梦”提供人才保障的需要

实现“中国梦”,是全国各族人民在中国共产党的领导下,齐心协力,创新、创业、创优的伟大实践。教育担负着为实现“中国梦”提供人才的历史责任。大量事实表明,当今中国存在着严重的做事不尽心、做官不尽责、做人不诚信的问题,创优、创业、创新意识缺乏,假冒伪劣充斥各个领域,严重地影响了中国的国际形象,威胁着民族命运和国家前途,这是实现中国梦的巨大障碍。

[收稿日期]2013-10-16
[基金项目]全国教育科学规划单位资助教育部规划课题(FIB120446);2013年度吉林省社会科学基金项目(2013B147)。
[作者简介]赵志军(1958-),男,吉林辽源人,吉林体育学院教授,东北师范大学博士生导师。

第24卷 第5期 长春工业大学学报(社会科学版) Vol.24 No.05
2012年9月 Journal of Changchun University of Technology(Social Sciences Edition) Sep 2012

□本刊特稿

高等教育的重要使命:“三创”品质的集成嵌入

赵志军

(吉林体育学院,吉林 长春 130024)

[摘 要] “三创”品质是源自创新、创业与创优内在精神的高度集成。有效提升“三创”品质理应成为我国教育发展的应有使命。为此,应探索将“三创”品质嵌入高等教育的基本路径,逐渐纳入教育规划的顶层设计,导入教学程式的整体过程,融入学生培养的个体发展,引入培养具有“三创”品质的教师教育过程。

[关键词] 高等教育;使命;“三创”品质;嵌入

[基金项目] 教育部哲学社会科学研究重大课题攻关项目“大学生就业、创业教育研究”。

[作者简介] 赵志军(1958-),男,博士,吉林体育学院党委书记,教授,博士生导师,吉林工学院1983届管理工程系本科毕业生,主要从事高等教育理论和管理思想史研究。

教育肩负着为人类社会的生存与发展培养人才、传承文化、提升品位的使命。在不同的发展阶段,教育的使命也被赋予不同的理论内涵。正如《国家中长期教育改革和发展规划纲要(2010—2020)》所指出:面对“大发展大变革大调整时期”的未来挑战,“按照面向现代化、面向世界、面向未来的要求,适应全面建设小康社会、建设创新型国家的需要”,应“推动教育事业在新的历史起点上科学发展,加快从教育大国向教育强国、从人力资源大国向人力资源强国迈进。”在这一历程中,“学生适应社会和就业创业能力不强,创新型、实用型、复合型人才紧缺”已经成为制约创新型国家战略的瓶颈。其实,我们不仅需要“数以亿计”的创新型人才,唤起全民创业热情,而且更需要积极提升全社会的创优品质。这就要求我们对创新、创业与创优品质实施高度集成,进一步厘清三者之间的内在逻辑及与教育发展的内在价值关联与使命赋予。故而,培养具有“三创”品质的高素质人才、将“三创”品质嵌入新时期教育发展的使命之中理应成为迫切思考的时代课题。

一、“三创”品质的学理内涵与内在逻辑

“三创”品质是基于创新、创业及创优高度集成的具有本原特质的教育品性与行为,它影响着创新人才的规格、创业历程的绩效以及创优意识的生成。“三创”品质的人才培养以社会和人的发展需求为出发点,着眼于改善创业、创新与创优教育零散化、碎片化的现实状况,系统化推进“三创”精神与能力的高度集成。

1. 创新,不仅是勇于否定自己和现状、善于确立新的目标与期望、敢于突破极限的辩证发展过程,而且是实现创业与创优品质的基本方式,也是对创优与创业方式的规定。人类社会的发展需要超越现实、憧憬未来。长期以来,我国自主创新能力不强、原创意识薄弱的状况令人堪忧,知识产权保护能力历来饱受诟病。“低位”创新、急于创新甚至“伪”创新掣肘于创业、创优的整体过程。那些缺乏具有真正创新品质的创业难以长足发展,也难以形成创优争先意识。我们亟须抛弃保守型的创业意识,提升创新在创业与创优中的地位。例如,面对本应进行理论创新与科技创新的学术界却频现腐败、抄袭等现象,无怪乎钱煦认为,“做人要正直,为人是第一位的。”[1]同时,当前知识经济为主导的社会形态更加注重“科技是第一生产力”的内在发展潜质,新知识、新工艺与新技术正成为带动经济发展的强大动力。世界一流高速铁路的设计与研发能力已经在全

— 5 —

2014年5月刊 总第382期 高教研究

思政教学中加强"三创型"人才培养初探

何萌
（吉林体育学院 吉林 长春 130033）

[摘要] 今天的教育就是明天的经济，要实现全面建成小康社会目标，就要优先发展教育，而具有"创优、创新、创业"能力的"三创型"人才培养是未来素质教育的方向。在高校思想政治理论课中，加强对大学生"三创能力"的培养，有助于大学生适应就业市场的需求，也是大学教学理论与实践的研究主题。

[关键词] 创优 创新 创业
[中图分类号] G641 [文献标识码] A [文章编号] 1009－5349（2014）05－0187－02

在高校扩招走过15个年头之后，大学生就业也成为全社会关注的焦点之一。在每年高校毕业生保持70%左右就业率的情况下，今年的大学生就业形势无疑更为严峻。据新浪网的一份关于对高校毕业生就业情况的调查显示，有75%以上的大学生认为高校很多课程的内容与就业市场不相适应。大学生思想政治教育要努力做到"体现时代性，把握规律性，富于创造性，增强实效性"，培养具有创优、创新、创业的"三创型"人才无疑成为教育的核心内容。

一、培养"三创型"人才的必要性

当今的世界处于知识经济的时代，而知识经济的核心是创新，创新的关键在于人才，人才的成长又靠教育，教育的目的就是要培养德才兼备的人才。我国高校思想政治理论课承担着对大学生进行系统的马克思主义理论教育的任务，是各层次、各科类大学生的必修课，是对大学生进行思想政治教育的主渠道，是帮助大学生坚定理想信念，树立正确的世界观、人生观和价值观的重要途径，是社会主义高等教育的本质特征。在高校思想政治理论课中融入对大学生"三创"能力的培养内容，是适应新形势下对复合型人才观的要求。思想政治理论课教师应始终将"培养什么人""如何培养人"这一问题放在首位，能力素质培养贯穿始终。面对新的就业市场的形势，思想政治理论课教师要联系改革开放和社会主义现代化建设的需要，联系大学生思想状况的实际，丰富教学内容，改进教学方法，努力提高思想政治理论课教育教学的针对性、实效性和不断加强其吸引力和感染力。因此，进一步提高高校思想政治理论课的教学质量和教学效果，在课堂上加强对大学生"三创"能力的培养显得尤为重要。

（一）"三创型"人才培养是适应时代发展的需要

国际间的竞争说到底是人才的竞争，是民族创新能力的竞争。在这种新形势下，加强对大学生"三创"能力的培养更适合时代的要求。通过培养学生独立思考的习惯，提高分析和解决问题的能力，激发学生的创新意识，增强大学生的创业意识，加深大学生的创优意识，为培养具有"科学与人文相融和"的国家建设者和接班人打下良好的基础。

（二）"三创型"人才培养是适应学生全面发展的需要

在当今社会，最重要的能力就是创优、创新和创业。在学生发现、分析、解决问题等一系列的思维活动中，由于问题的开放性，没有现成的答案，这就培养了学生的创新能力。学生在查阅时，力图寻找新资料；调查中，力争发现新问题；分析时，力图捕捉新认识；综合时，力争得出新观点；论证时，力图导出新结论；制作时，力争构建新模型；展示时，力图展示新成果，这就增强了学生的创优意识。而在学生进行查阅文献、问卷调查、求证结论、制作课件等活动过程中，无不要求学生亲自动手实践。在课题的研究过程中，要各司其职又要协同攻关，这就要求他们要彼此信任、分享资源、共享成果，在合作中形成团结协作的团队精神，这些都是增强大学生创业能力所需要的基本构成部分。

（三）"三创型"人才培养是适应教学改革的需要

把"三创"能力培养的教育观念引导到课堂教学过程中，必然是以学生为主体、教师为主导的课堂。这就对教师的课堂控制与驾驭能力提出了更高的要求，要求教师不断变革传统的思维模式，敢于创新，这也是教育改革的需要。把"三创"能力培养的教育观念引导到课堂教学过程中，研究往往涉及到多学科知识的融合，这就要求教师要不断拓宽自己的知识面和专业研究领域。加强对学生"三创"能力的培养，要求教师从知识的权威者到学生课题的参与者，从知识的传授者到学生学习的合作者。师生平等交流，相互启发，形成相互激励、教学相长的师生关系。

二、在课堂教学中培养"三创型"人才的方式方法

思想政治教育虽然是一个复杂的全员教育工程，但从学校教育的角度看，提高大学思想政治教育的质量和水平，关键还在课堂。课堂教学中教师是关键，教材是媒介，教法是核心，活动是手段，氛围是条件。课堂教学在大学生思想政治教育中起主导地位，在加强和改进大学生思想政治教育中的地位是无法替代的。思想政治理论课毫无疑问又是大学生思想政治教育课堂教学的主课堂，教师是课堂教学的组织者、领导者和管理者，加强对大学生"三创"能力的培养很大程度上取决于教师。下面我就教师如何在课堂教学中加强对大学生"三创"能力的培养，激发大学生学习兴趣，谈谈自己的浅见。

加强学生的"三创"能力的培养，就要改革灌输式和过分偏重讲授的教学方法，实施启发式、讨论式、研究式的教学方法；重视学生在教学活动中的主体地位，充分调动学生的积极性、主动性和创造性。改革要有利于加强学生分析和解决问题能力的培养，有利于学生创新思维和创新能力的培养，有利于学生个性和才能的全面发展，激发学生的创优意识。

（一）灵活掌握课堂，培养学生的创优能力

只有做到在课堂上呈现出教师、教材、教法、教境四位一体，才能使学生的认知、情感、意志、能力四者和谐发展。具体地讲，就是课堂要做到四个活跃，即兴趣的活跃

（转186页）

网络出版时间：2014－6－12 13:07:40 网络出版地址：http://www.cnki.net/kcms/detail/22.1010.C.20140612.1307.006.html

何萌（1982－），男，吉林长春人，吉林体育学院基础部讲师。研究方向：思想政治教育。

2015年第05期
第31卷
(总389期)
吉林省教育学院学报
JOURNAL OF EDUCATIONAL INSTITUTE OF JILIN PROVINCE
No. 05,2015
Vol. 31
Total No. 389

doi:10.16083/j.cnki.1671-1580.2015.05.028

实施"三创"特色文化教育　助力学生成长成才

李志强,赵洪媛

(吉林体育学院,吉林 长春 130022)

摘要:高等院校应当建立具有自己学校特色的校园文化建设总体目标,那就是培育具备创新能力、创业思维、创优意识的"三创"型人才,通过实施"三创"特色文化教育,促进学生成长成才。通过"三创"特色文化育人,让学生拥有扎实的业务基础、敏捷的创新思维、潜在的创业能力、厚重的社会责任、广阔的国际视野和正确的价值观,为适应社会发展的迫切需要、更好地推进全面建设小康社会的进程、构建社会主义和谐社会和实现中华民族的伟大复兴做出积极的贡献。

关键词:创新;创业;创优;校园文化;学生培养

中图分类号:G641　　文献标识码:A　　文章编号:1671—1580(2015)05—0063—02

一、前言

近年来,按照高等学校的专业建设和"文化校园"建设的目标,高校以培养国家和社会需要的各级、各类人才为己任,努力培育具备创新能力、创业思维、创优意识的"三创"型人才。"三创"是一种文化精神,经过传播能够在校园内外形成特色"文化现象",体现出影响深远、独具时代特征的"社会价值观",高校也在其中收获了一批真正"德才兼备"和具有大学文化精神的新时代大学生。

二、认真领会"三创"精神,构建特色文化教育体系

"创新、创业、创优"的三创精神是当今社会具有时代特征的大学精神。创新就是要勇于否定自己和现状,善于确立远大目标与期望,敢于突破极限、战胜自己。创新的本质就是要求高等教育主阵地的高校开辟成长新境界和拓宽发展新路径。创业,不仅要积极培养学生树立创业的价值观、积淀创业能力,还要随时捕捉机遇,开创事业。创优要培养和强化自尊心、自信心,不断提升自己的综合能力,把弱势和困难转化为自身前进的动力,进而实现自身实力的持续增长、提升,创优标准也会在能力提升的基础上逐步提高。创新是"三创"特色文化教育的灵魂,创业是必要途径,创优是根本目标。

现阶段,培育具有"三创"精神的高素质人才应该作为高等院校人才培养的终极目标列入发展的整体规划之中。高等教育的人才培养应当认真领会"三创"精神内涵,根据学校实际情况,把开展"三创"特色文化教育作为学生思想政治教育和社会主义核心价值观教育的一项重要内容。不断着力培养学生在学习、生活中牢固树立开拓进取的创新精神、放眼未来的创业思维、追求卓越的创优意识,为学校和社会培养高素质复合型人才。高校的教育本质就是培养人,特别是文化育人。培养就要从抓学风到抓校风,从抓专业建设到促进就业创业教育。在国家大力提倡"立德树人"的今天,就应当紧密结合社会所需,形成以"创新、创业、创优"三创精神为指导、"德才兼备"为宗旨、提高学生就业创业能力为目标、培育校园文化及提升学生专业技能为手段、借助"创业园""创业基地"等文化教育实践活动载体的特色文化建设体系,把社会需求和学生成长成才作为培养学生的根本任务。

三、认真实践"三创"精神,科学指导校园文化建设

1. 实施创新文化教育

创新是一个民族的灵魂,高校更要把创新作为发展的原动力。高校要坚持将创新文化教育融入专

收稿日期:2014—11—03
作者简介:李志强(1983—),男,吉林辉南人,吉林体育学院武术与民族传统体育学院,助教,硕士。研究方向:体育教育训练学。
赵洪媛(1983—),女,辽宁鞍山人,吉林体育学院体育艺术学院,助教,本科。研究方向:体育教育训练学。

学生就业创业指导课程项目化改造的探索

□ 吴 敏

各高校开设就业创业指导课程其目的是为了提升学生的就业与创业能力，但是由于现在这门课程开设的时间并不长，导致出现了很多问题，使其发挥不了应有的作用。笔者先分析就业创业指导课程目前存在的问题，然后在对就业创业指导课程项目化改造进行探索。

就业难是我国的民生问题之一。为学生开设就业创业指导课程是解决问题的重要手段。同时，就业创业指导课程是指导学生就业与创业的主要方式，有利于提升学生就业与创业的能力。因此，对学生就业创业指导课程项目化改造进行探索已是刻不容缓的事实。

一、就业创业指导课程教学中出现的问题

虽然现在各高校都开设了就业创业指导课程这门课，但由于课程开设的时间并不长，导致出现了很多的问题。其问题主要有以下几各方面。

1.学生对这门课程的重视程度不高。大多数高校将就业创业指导课程作为公共必修课，其学分也不高；再加上教学学时少和采取大班教学以及其他原因，导致学生对这门课程的重视度不高。其具体表现在：这门课的课堂出勤率比较低；有的学生选这门课只是为了拿学分；即使到了课堂上认真听这门课的人很少。这严重影响了就业创业指导课程的教学效率与效果，达不到提升学生就业与创业能力的目的。而对于学校举办的一些关于就业与创业的校内讲座，学生参加的积极性不高，就座率很低。大多数学生都认为，这门课程与这些相关的讲座对自己的作用并不大，没必要花时间去学习。

2.教学形式和教学内容单一。目前，我国高校的就业创业指导课程的教学形式和教学内容都比较单一。在教学形式上，就业创业指导课程还是沿用传统的“教师教，学生听”的教学形式，教师在授课时缺乏针对性和指导性且没有与实践相结合，使得课程变得既枯燥又没有重点，无法引起学生学习的兴趣和激发其学习积极性。而在教学内容上，既缺乏丰富性又没有实用性。课程内容只针对一些较为细节的内容进行教学，例如求职简历的设计、如何面试以及其他等等。因此，在教学形式上要使之多元化，在教学内容上要丰富其内容。

3.课程缺乏实践性和针对性。各高校开设就业创业指导课程的目的就是为了提升学生就业与创业的能力，并使学生在教师的指导下明确自己未来的就业目标、制定科学合理的职业规划。但是现阶段，我国大多数高校的就业创业指导课程教学没有结合具体的实际，只是讲授一些理论性的知识且没有针对性，无法引起学生对这门课的兴趣与重视，也不能有效地为学生提供就业与创业方面的指导。同时，这也导致学生在听这门课时只是当成一门普通课程去听，却不能将其真正应用到实际中去。

二、就业创业指导课程项目化改造的方法

1.调动学生的积极性，让学生认识到这门课的重要性。积极性是学生学习的动力，因此必须先调动学生学习这门课程的积极性，让学生认识到这门课的重要性。要做到这一点，教师可以先将典型案例融入到教学内容中，并结合社会现实进行补充讲解，巧设具体问题引发学生对就业的思考。此外，教师在教学过程中可以根据不同专业讲述不同的教学内容，使职业规划具有针对性，如汉语言文学专业的学生，如果文字功底很好又喜欢创造的学生，可以指引其往报纸、杂志编辑方向发展。

2.让学生了解到不同的工作岗位。由于大多数学生对工作岗位都不是很了解，因此教师在教学过程中要让学生了解到不同的工作岗位，并引导学生找到适合自己的、能够胜任的工作岗位。其具体方法是：教师先给学生介绍各个工作岗位的特点及具体工作内容，然后再让学生讲出自己适合的工作岗位，最后再由教师结合学生的实际情况、专业和社会需求进行总结，并列出学生在进行职业规划时需要考虑的要素。此外，教师还可以通过其他的方法（如问卷调查、测试题等方法），对学生的性格、兴趣、能力等做一个全面深入的分析。这样做有利于学生选择适合自己的、能够胜任的工作岗位。

3.引导学生科学规划自己的职业生涯。教师在就业创业指导课程的教学活动中，要引导学生科学规划自己的职业生涯。要达到这个目的，教师可以举办一个职业生涯规划作品展的活动，让学生将自己规划好的职业生涯规划作品放到展示室进行展示。具体开展活动的过程是：先让各个学生根据自己情况做好职业规划书，然后再随机选出部分学生当众向大家讲述自己的职业规划，最后教师要向学生展示往年参加学生职业规划比赛的参赛作品。在活动中，教师要以学生为主体，同时也要做好自己的引导作用，帮助学生制定切实可行的职业规划。

4.对学生的职业规划书进行点评和考核。教师要让每位学生写一份自己对未来发展的职业规划书，并给每位同学的职业规划书做一个简单的评价，若发现学生写的职业规划书不合理时，要根据学生的实际情况给出合理的建议，并引导其制订适合自己实际的职业规划。此外，教师还要对每位学生进行考核，并认真填写考核评价表，将其纳入最后评定的分数之内。

三、结语

总而言之，对就业创业指导课程进行项目化改造是一项长期的工作，这需要教育工作者在探索中不断进行完善，使这门课程真正发挥提升学生就业与创业能力的作用。（作者单位 吉林体育学院）R

编辑 黄 玲

在“三创”精神引领下，为了进一步提高学校人才培养与社会需求吻合度，探索产教融合、校企合作人才培养新模式，根据教育部和教育厅部署安排，结合学校现有专业建设实际，在专家学者充分论证的基础上，在学校现有运动康复专业、公共事业管理专业、社会工作 3 个本科专业领域上开设“养老服务业”专业方向，并已通过省教育厅的评审，为学校实现转型发展提供了基础保障。依托国家体育总局耐力项目重点实验室，积极做好 2016 年里约奥运会科研攻关与科技服务，为国家取得良好的竞技成绩提供科技保障。依托吉林省体育产业研究基地，以吉林省体育产业发展战略实施为契机，为地方体育产业发展提供科研支撑。依托吉林省冰雪文化研究中心，以吉林省打造冰雪强省为切入点，全面提升中心研究水平。我校体育教育专业“P－A－H”应用型人才培养实验区和武术人才培养模式创新实验区被确定为省级人才培养模式创新实验区，培养模式的创新为人才培养质量提升提供进一步保障。

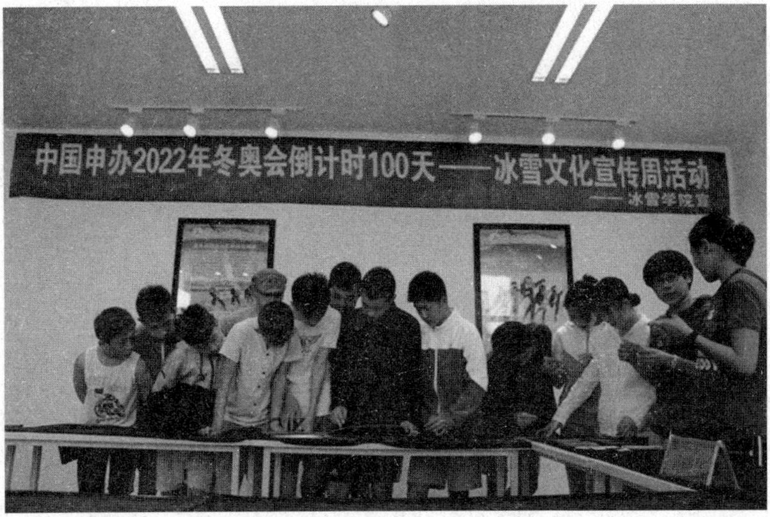

四、强化制度起效,确保政令畅通

通过制度性的改革,改变以高等教育为主要载体的教育、教学、课程和实践平台,优化“三创”精神引领下的人才培养和考核机制,改变教学方法与手段,改善教与学的关系,发挥学生的主体性,鼓励个性,尊重差异性,建构符合“三创”精神的人才培养机制的秩序,使自由和自觉在有效的机制下得以辩证的实现,实现“三创”教育的规模和质量。

自2012年开始,吉林体育学院在全省范围内率先进行以全员岗位聘用和绩效工资改革为主要内容的一整套人事制度改革,先后制定《吉林体育学院岗位设置与聘用管理实施办法》《吉林体育学院首次聘用工作实施办法》《吉林体育学院教职工绩效工资实施办法》《吉林体育学院教职工考核与绩效工资发放办法》《吉林体育学院各岗位考核管理办法》等制度,实施了全员岗位聘用、管理人员竞聘上岗、全员岗位考核等,旨在践行“三创”精神,推进“依法治教”和“依法治校”工作,调动全体教职工工作的积极性和创造性,增强师德师风教育,有效地促进学校各项事业的发展。吉林体育学院人事制度改革实施早、范围广、质量高、效果好,《吉林日报》在第一版用较大篇幅对学校人事制度改革予以相关报道。

五、引入评价激励，形成长效机制

评价引领过程，结果决定规划。对于“三创”教育整体开展和推进过程，要予以建立针对性和实效性的评价体系。根据“三创”教育整体教学开展过程，从教师和学生两个层面建立激励式评价体系，推动建立大学生创新创业创优训练计划组织实施机构，实现教师和学生积极参加“三创”教育实践活动的目的。

学校制定出台了《关于进一步加强师德师风建设的若干规定（试行）》（吉体院人字〔2014〕173 号），将“三创”精神作为评价指标之一，并在学校各岗位考核管理办法之中设定师德师风量化评价考核标准，提出如第六条树立“创新、创业、创优”的工作意识，爱岗敬业，把工作放在首位；第八条认真做好各教学环节的工作，重视培养学生的人文素质、实践能力和创造能力；第十一条与时俱进，不断学习，努力掌握现代教育理论和教育教学规律，具备与本岗位相适应的业务知识，具有圆满完成本职工作所需的业务能力，不断改进教学内容和教学方法；积极采用现代化教学技术手段，富有创造性地完成教学任务，努力提高教学质量等的具体评价标准作为考核依据。

在学生评价考核方面，2016 年按照教育部的相关要求，将创新创业教育纳入学分管理，实行“创新学分”制度，对学生取得的具有一定创新意义的智力成果或其他优秀成果经审定后给予学分；实行弹性学制，允许修满规定学分的学生提前毕业，也允许学生延长学制休学创业；实行国内外高校学分互认制度，为学生开阔视野、丰富阅历提供宽广平台。

关于进一步加强师德师风建设的若干规定(试行)

为深入贯彻习近平总书记9月9日在北京师范大学师生代表座谈会上的重要讲话精神,大力加强和改进学校的师德建设,努力培养造就一支师德高尚、业务精湛、结构合理、充满活力的高素质专业化教师队伍,根据《省教育厅关于转发〈教育部关于建立健全高校师德建设长效机制的意见〉的通知》(吉教师字〔2014〕40号)、《吉林体育学院岗位设置与聘用管理实施办法》(吉体院人字〔2012〕86号)、《吉林体育学院各岗位考核管理办法》(吉体院人字〔2013〕86－90号)文件精神,就进一步加强学校师德师风建设作如下规定。

一、指导思想与基本原则

第一条　指导思想:

以邓小平理论和“三个代表”重要思想为指导,深入贯彻以人为本的科学发展观,贯彻党的教育方针,落实《高等教育法》《教师法》《公民道德建设实施纲要》,结合学校实际,积极探索师德师风建设的有效途径,切实建立师德师风建设的长效机制,教育和引导全校教职工不断加强自身的师德师风建设,形成良好的校风。

第二条　基本原则:

1. 坚持价值引领原则
2. 坚持师德为上原则
3. 坚持以人为本原则
4. 坚持改进创新原则

二、师德师风行为规范

第三条　拥护党的路线、方针、政策，严格遵守法律法规，自觉维护国家利益和尊严，在思想、政治和行动上与党中央保持高度一致。

第四条　忠诚党的教育事业，乐于教书育人，为人师表，尽职尽责完成各项本职工作，不断提高教育教学质量和管理水平。

第五条　不断提高自身的思想道德素质和科学文化素质；积极传播先进文化，自觉抵制封建迷信、邪教和社会不正之风的侵蚀。

第六条　树立“创新、创业、创优”的工作意识，爱岗敬业，把工作放在首位。

第七条　树立全心全意为师生服务的思想，以学生为中心，急学生之所急，想学生之所想，尊重学生，关心爱护学生，具有良好的教师职业道德。

第八条　认真做好各教学环节的工作，重视培养学生的人文素质、实践能力和创造能力。

第九条　明确和切实履行自己的岗位职责，勇于承担工作中的失误并及时纠正，不推诿工作，积极承担学校和单位的各项工作任务。

第十条　严格遵守学校的各项教学制度，维护正常的教学秩序，杜绝各类教学事故的发生。

第十一条　与时俱进，不断学习，努力掌握现代教育理论和教育教学规律，具备与本岗位相适应的业务知识，具有圆满完成本职工作所需的业务能力，不断改进教学内容和教学方法；积极采用现代化教学技术手段，富有创造性地完成教学任务，努力提高教学质量。

第十二条　正确处理教学工作与科研工作、社会服务之间的关系，努力学习掌握最新科技知识和人类的优秀文化成果，不断提高学术水平，提高科研能力和社会服务能力。

第十三条　自觉遵守科学道德，端正学术风气，发扬团队精神；科学研究中要敢于创新，用于拼搏，实事求是，一丝不苟，杜绝弄虚作假和学术不端行为。

第十四条　自觉维护学术尊严。积极主动、认真负责、不计报酬地参与各类学术评价，公平公正地发表评审意见；在推荐、评审、鉴定和评奖等活动中坚持标准，自觉抵制不良的学术风气。

第十五条 关心爱护集体，热心公益事业，团结互助，树立集体意识和大局观念，自觉维护学校利益和荣誉，不搬弄是非。

第十六条 积极主动地参加学校的政治学习和集体活动。

第十七条 崇尚文明健康的生活方式，自觉抵制黄、赌、毒等社会丑恶现象，反对奢靡之风。

第十八条 工作中自觉遵守法律法则及学校的财务制度，作风正派，廉洁自律。

第十九条 主动做好本职及相关工作，具有进取心、奉献精神和实干精神，工作任劳任怨。

第二十条 树立“育人为本，德育为先”的思想。尊重学生人格，爱护和严格要求学生，做学生的良师益友。关心学生的成长，尤其是关心学生中的弱势群体，平等、公正地对待每一个学生，维护学生的合法权益，关心学生的健康成长，促进学生的全面发展。

三、奖励与处理

第二十一条 教职工的师德师风表现情况纳入学校岗位考核、年度考核和聘期考核范畴，并作为评优评先、津贴发放、业务培养和职务职称晋升的重要依据。

第二十二条 设立“吉林体育学院优秀教师和优秀教育工作者奖”，每年评选一次，学校对获奖者给予表彰奖励。

第二十三条 实行“师德师风一票否决制”。对违反师德师风行为规范的，视情节轻重，给予通报批评、行政纪律处分、调离教师岗位、调剂岗位、解聘等处理。

1. 在教学、科研和管理工作中散布违反国家法律法规的言论的。

2. 以盈利为目的，组织或参与学生的经营性活动或强制学生订购教辅教材、报刊、摊派资料，推销物品等谋取利益；索取学生及家长钱财；收受学生及家长的礼物礼金并造成不良影响。

3. 违反学术道德、弄虚作假、剽窃他人学术成果、署名不当的。

4. 冒用学校或所在单位名义与外单位联合办学；以学校或单位名义散发虚假

招生广告；充当招生中介，骗取考生及家长钱财；在招生、考试中弄虚作假、隐私舞弊。

5. 因兼职而影响本职工作；利用学校资源或雇用学生从事与学校工作无关的活动。

6. 无正当理由，拒不执行组织的工作调剂、调动、交流等决定。

7. 在组织或参与推荐、评审、鉴定、答辩和评奖等活动中徇私舞弊、弄虚作假。

8. 不爱护、不尊重学生，讽刺、挖苦、侮辱和猥亵学生的，或体罚学生，造成学生身心伤害的。

9. 学生安全受到威胁时，无动于衷或不及时采取有效措施制止。

10. 泄露试题，监考不严，评卷不公，篡改成绩。

11. 其他在教学、科研和管理工作中严重失职造成不良影响的；严重影响学校声誉和教师形象的。

第二十四条　因师德师风问题受到处理、处分的，按国家和学校的相关规定扣发岗位工资或绩效工资，并按国家、省和学校的相关规定处理。

四、组织实施

第二十五条　完善监督机制。

1. 将教职工的师德师风表现作为岗位考核和年度考核的重要内容，在岗位考核和年度考核中予以评议，并作为评优评先的重要依据。

2. 采取教学督导组抽查、学生测评、学校随机检查等方式，考评教职工的师德行为表现。

3. 对实名举报的师德师风问题，由学校纪监审办公室牵头，会同有关单位进行调查，并依法依规予以严肃处理。

第二十六条　解聘、调离教师岗位、调剂岗位、警告及以上处分须由有关职能单位提出并提交学校研究决定。

五、附则

第二十七条　本规定适用于全校在编在岗（包括人事代理人员）教职工。

第二十八条　本规定由人事处负责解释。

第二十九条 本规定自公布之日起施行。

吉林体育学院

2014 年 11 月 17 日

吉体院院字〔2016〕255 号

吉林体育学院大学生创新学时(学分)认定管理暂行办法

学校各单位:

《吉林体育学院大学生创新学时(学分)认定管理暂行办法》经校长办公会讨论通过,现予印发,请认真学习并贯彻执行。

附件:吉林体育学院大学生创新学时(学分)认定管理暂行办法

吉林体育学院

2016 年 9 月 2 日

吉林体育学院办公室	2016 年 9 月 2 日印

吉林体育学院大学生创新学时(学分)认定管理暂行办法

第一章 总则

第一条 为鼓励大学生积极参加课外创新活动和社会实践活动,培养大学生的“创新、创业、创优”精神,提高大学生的实践能力和创新能力,培养高素质的专门人才,根据《国务院办公厅关于深化高等学校创新创业教育改革的实施意见》(国办发〔2015〕36 号),制定本办法。

第二条 创新学时(学分)指大学生在校期间,在学校认定的各类竞赛、科学研究、发明创造、技术开发、社会实践、发表论文和国际交流等方面取得成果,通过申请和认定后所获得的相应学时(学分)。

第二章 认定内容与标准

第三条 学生参加国际、国家、教育部、吉林省以及国内外权威机构组织的、经过学校认定的正式竞赛获奖的学时(学分)。

1. 国家级及以上:一等奖及以上 128 学时(8 学分),二等奖 96 学时(6 学分),三等奖 80 学时(5 学分);

2. 省部级:一等奖及以上 64 学时(4 学分),二等奖 48 学时(3 学分),三等奖 32 学时(2 学分);

3. 校级:一等奖及以上 32 学时(2 学分)。

认定竞赛包括:“挑战杯”课外学术科技作品竞赛、“挑战杯”创业设计大赛、全国大学生电子设计竞赛、“互联网 +”大学生创新创业大赛。其他高层次竞赛由申报者提出申请,学校单独认定。

第四条 学生参加国家级、省级、校级大学生科研(创新)项目或计划,完成项

目计划内容并通过评审或答辩的:

1. 国家级及以上:一等奖及以上组长3学分,组员1.5学分;二等奖组长2学分,组员1学分;三等奖组长1.5学分,组员0.8学分。

2. 省级:一等奖及以上组长1.5学分,组员0.8学分;二等奖组长1学分,组员0.6学分;三等奖组长0.8学分,组员0.5学分。

3. 校级:一等奖及以上组长0.8学分,组员0.5学分。

第五条 学生为第一作者,吉林体育学院为第一作者单位发表的论文、报刊文章或者著作。

1. SCI,EI,SSCI收录论文每篇96学时(6学分);SCI影响因子大于2的,每篇128学时(8学分)。

2. 国内核心期刊论文:A类48学时(3学分),B类32学时(2学分),C类24学时(1.5学分)。

3. 省级及以上正式学术期刊(不含增刊)论文:每篇16学时(1学分)。

4. 省级及以上报刊发表文章或报道,注明作者单位为吉林体育学院的:字数5000字以上,每篇32学时(2学分);2000字以上,每篇16学时(1学分);1000字以上,每篇8学时(0.5学分)。

5. 在国家级出版社正式出版专著、译著和文学作品,注明作者为吉林体育学院的:字数40万字以上,每部64学时(4学分);20万字以上,每部48学时(3学分),10万字以上,每部32学时(2学分)。省市级出版社出版的,每部分别记48学时(3学分)、32学时(2学分)和16学时(1学分)。

第六条 学生为第一完成人、吉林体育学院为第一完成单位的成果鉴定、科技获奖和科技成果转让。

1. 通过教育或科技主管部门组织的成果鉴定并提交成果鉴定证书:国际领先64学时(4学分),国际先进48学时(3学分);国内领先32学时(2学分),国内先进16学时(1学分)。

2. 获各级政府主管部门组织的科技成果奖励(指自然科学奖、科技进步奖、技术发明奖)的:

(1)国家级及以上:一等奖及以上480学时(30学分),二等奖320学时(20学分),三等奖288学时(18学分);

(2)省部级:一等奖及以上240学时(15学分),二等奖128学时(8学分),三等奖96学时(6学分);

(3)厅局级:一等奖及以上64学时(4学分),二等奖32学时(2学分),三等奖16学时(1学分)。

3. 签订成果转让协议且转让费到账的:每项成果64学时(4学分)。

第七条 学生为第一专利权人,通过吉林体育学院申请专利和进行专利转让的。

1. 发明专利每项80学时(5学分)。

2. 实用新型专利每项16学时(1学分);与专业结合,经专家评审为优秀的每项32学时(2学分)。

3. 外观设计专利每项8学时(0.5学分)。

4. 签订专利转让协议且专利转让费到账的:每项48学时(3学分)。

第八条 参加学术会议或学术交流活动。

1. 在国际学术会议做大会报告64学时(4学分);做墙报展示并获奖32学时(2学分)。

2. 在全国性学术会议做大会报告32学时(2学分);做墙报展示并获奖16学时(1学分)。

第九条 参加社会实践活动。

1. 获评省级社会实践优秀个人的每项16学时(1学分);

2. 获评省级社会实践优秀论文奖的每项16学时(1学分)。

第三章 记分要求

第十条 按项记分,多项创新成果的学时(学分)可以累计。

第十一条 多人完成的项目,由项目负责人根据每位成员的贡献分配所得学时(学分)。项目负责人所获学时(学分)一般不少于总获得学分的40%;其他人员取前3名,分别按30%、20%和10%的比例计算。个人贡献相同时也可平均分配学时(学分)。

第十二条 同一项目多次获奖或集体奖与个人奖重复时,只按最高奖项计分。

第四章 认定流程

第十三条 创新学时(学分)申请在每年春季学期进行,由教务处发布申请通知。

第十四条 学生填写《吉林体育学院大学生创新学时(学分)申请表》(见附件1),并附相关支撑材料,提交所在学院。

第十五条 学院填写汇总表(见附件2)并签署意见,加盖学院公章后,连同申报材料和支撑材料统一报送教务处。

第十六条 教务处对全校申报情况进行审核、汇总,组织校学术委员会审核和认定学生申报的创新学时(学分),在学校网站公示7天。必要时,教务处将组织专家对学生发表的论文、文章和著作进行答辩。

第十七条 公示没有异议的,经教务处长签字后发布正式文件,学生即获得创新学时(学分)。

第十八条 学生在申请认定过程中违反学术规范的,取消其创新学时(学分)申请资格,并依据相关规定给予严肃处理。

第五章 创新学时(学分)的记载与使用

第十九条 创新学时(学分)可置换培养方案中选修课学时(学分),但置换次数不得超过4次;创新学时(学分)用于置换课程学时(学分)时,由学生提出申请(见附件3),经学院分管教学院长签字确认后报教务处备案。

第二十条 对于创新能力突出取得较多创新学时(学分)的学生,在评选优秀学生、评定奖学金时,在同等条件下优先考虑。

第六章 附 则

第二十一条 本办法由教务处负责解释。

第二十二条 本办法自公布之日起施行。

附件1:

吉林体育学院大学生创新学时(学分)申请表

学院:

学生姓名		学号		创新总学时(学分)
年级		专业		

序号	学生申请成果名称(填全称)	成果等级/位次	申请学时(学分)

序号	被认定成果名称(填全称)	成果等级/位次	学校专家组认定学分

学院意见	院长签名:年月日
学校专家组认定意见	组长签名:年月日
教务处审批意见	负责人签名:年月日

附件 2

20 __年吉林体育学院大学生创新学分汇总表

学院:填表时间:

序号	学号	学生姓名	年级专业	成果名称（获得时间）	成果等级	类型	获得学时（分）	总学时（分）

注：

1. 成果名称：填全称，出版物注明名称、发表报刊名称、卷、期、页码（日期、版）等；图书填出版社、出版时间。

2. 成果等级：科技竞赛：国际一等、国际二等、国际三等；国家一等、国家二等、国家三等；省级一等、省级二等、省级三等；校级一等。

学术论文：SCI、EI、SSCI；核心特类、核心 A 类、核心 B 类、核心 C 类、一般期刊。

专利：发明、实用新型(优秀)、实用新型、外观设计和专利转让。

国际学术交流：大会报告、墙报展示。

全国学术交流：大会报告、墙报展示。

社会实践：省级个人、省级论文。

成果鉴定：国际领先、国际先进；国内领先、国内先进和成果转让。

科技成果奖：国家一等、国家二等、国家三等；省部一等、省部二等、省部三等；厅局一等、厅局二等、厅局三等。

3. 学时(学分)类型填：竞赛、创新、论文、著作、专利、会议、交流、鉴定、奖励。

附件3

吉林体育学院大学生创新学时(学分)置换申请表

<table>
<tr><td>学院</td><td colspan="4"></td><td>年级</td><td colspan="2"></td></tr>
<tr><td>班级</td><td></td><td>姓名</td><td></td><td>学号</td><td colspan="2"></td></tr>
<tr><td colspan="2">创新项目名称</td><td>学时(学分)</td><td colspan="2">置换课程名称</td><td>课程代码</td><td>学时(学分)</td></tr>
<tr><td colspan="2"></td><td></td><td colspan="2"></td><td></td><td></td></tr>
<tr><td colspan="2"></td><td></td><td colspan="2"></td><td></td><td></td></tr>
<tr><td colspan="2"></td><td></td><td colspan="2"></td><td></td><td></td></tr>
<tr><td colspan="2"></td><td></td><td colspan="2"></td><td></td><td></td></tr>
<tr><td colspan="2">合计学时(学分)</td><td></td><td colspan="3">合计学时(学分)</td><td></td></tr>
</table>

申请人签名:年月日

学院意见:

院长签名并加盖公章:年月日

教务处意见:

处长签名并加盖公章:年月日

注:此表一式两份。学院留存一份,交教务处一份。

第三节 成果丰硕，“三创”精神服务办学育人全过程

吉林体育学院是吉林省唯一一所高等体育专业院校，建校近60年来为国家培养世界冠军百余名，为国旗在世界赛场上一次次升起倾注了心血和汗水。学校始终牢记高校使命，大力倡导“创新、创业、创优”精神，以立德树人为根本，上下一心，全员参与，人才培养成果丰硕，学校事业发展迅猛。

一、提高了人才培养质量

学校党委把“立德树人”作为根本任务，把党建思想政治工作和“三创”精神融入办学育人全过程。深入开展理想信念教育、社会主义核心价值观教育实践活动，加强两课教师和辅导员的培训，精心指导共青团工作，充分发挥两课教学、党校培训的主渠道作用和关工委老同志作用，深入开展创新、创业、创优活动，学生综合素质和创新能力不断提高。荣获全国“挑战杯”大赛一等奖，创了全国体育院校最好成绩；获吉林省首届青年创新创业大赛金奖；获“梦想杯”吉林省大学生创业大赛优胜奖；在中央电视台《黄金100秒》栏目中我校学生勇夺冠军；坚持每年开展“十佳大学生”评选活动、“十佳大学生”校园巡回报告会、“体院好人”评选活动；先后涌现出“长春好人标兵”学生党员王源祥、长春市“十佳大学生”戚菁等多个学生先进典型。2012年以来，本科学生在国内外各级各类竞技比赛中有100多人次获得冠军；仅2015年我校省体校学生参加全国各级各类比赛共取得51枚金牌、44枚银牌和30枚铜牌的成绩，并有27人输送到省各运动项目管理中心；为国家和吉林省赢得了荣誉，为体育事业发展做出了应有的贡献。毕业生一次性就业率高于全省平均水平，并涌现出以王磊、刘振华、王雪、王星予为代表的一大批杰出学生创业典型。

获奖证书
吉林体育学院
吕禹杭 魏超 戚菁 刘钊 同学：
你（们）的作品《"Lingkege"自由式滑雪空中技巧项目比赛系统》在第十三届"挑战杯"全国大学生课外学术科技作品竞赛中荣获
一等奖
特发此证，以兹鼓励。
2013年10月

荣誉证书
HONORARY CREDENTIAL
在2015年第五届全国大学生电子商务"创新·创意·创业"挑战赛吉林省分赛区决赛中，吉林体育学院 学生 王刚、田冬梅、全瑾、付加有、闫玉 在 杨明泽 老师的指导下，参赛项目：
《计算机创新创业团微信订阅号设计与运营方案》荣获：
最佳创意奖
第五届全国大学生电子商务"创新·创意·创业"挑战赛吉林省分赛区组委会
二〇一五年六月十四日

我校学生在中央电视台《黄金100秒》栏目中夺冠

本报讯(武术与民族传统体育学院　李志强)5月11日,中央电视台综艺频道《黄金100秒》栏目播出女生专场,我校武术与民族传统体育学院学生金平、王馨阳和栾雪娇三名同学一路过关斩将,经过紧张激烈的角逐最终夺冠。

本期比赛中,我校学生和来自大连海事大学、北京电影学院等其他高校和社会的9组选手同场竞技。比赛前,我校学生和央视主持精彩亮相,“武林女生”自信、开朗的介绍和谈吐给主持人和观众留下了深刻的印象。三位“武林女生”各自拿出了绝活,金平刚猛的刀术、王馨阳飘逸的剑术和栾雪娇行云流水的九节鞭博得在场观众的阵阵叫好和欢呼。在成功拼下预赛100秒获得观众的支持后,我校学生以预赛第一的成绩进入再战100秒的决赛环节。决赛中,三位同学凭借形神兼备的太极拳和九节鞭获得了极高的支持率,最终不负众望夺得冠军。

为了参加本次比赛,武术与民族传统体育学院院长方方和党总支书记周彬先后对学生的节目编排和参加演出的安全问题进行了周密的安排,并指派专业教师刘鹏对节目进行了紧张的编排。由于时间紧、任务重,没有充分时间进行排练,老师和同学们只好利用在宾馆驻地和候场的走廊进行练习。在参加本次节目的录制过程中,吉林体院学子的专业技术水平和较高的综合素质得到央视导演组认可和观众的一致好评。三名同学不畏强手、勇于拼搏,凭借扎实的专业技能和出色的技艺也向亿万电视观众展示了吉林体院大学生良好的精神风貌。

二、学校各项事业迈上新台阶

“三创”精神的不断深化，带来了吉林体育学院发展的跨步飞跃，在2015年2月28日召开的全国精神文明建设表彰大会上，我校荣获“全国文明单位”的荣誉称号，这是对我校全面工作的最高评价。除此之外，学校各项事业不断迈上新台阶。学校努力改善办学条件，2014年将长春市政府控制的位于临河校区周边的5720平方米土地划归到了学校名下，补办了临河校区土地证手续，解决了临河校区购买后长期搁置的手续欠账问题。2015年省体校学生宿舍及综合体育馆（内含学院研究生宿舍）建设项目得以正式开工。学校投入4300余万元，先后对学校教学楼、实验楼、报告厅、学生公寓、图书馆、体育场等进行了14个项目的修缮改造、美化亮化工程。全校广大师生的教学、科研、训练、办公和生活环境得到了前所未有的改善。学校被评为吉林省信息化工作优秀单位，图书馆在吉林省高校评估过程中获得优秀等级。学校探索多渠道融资方式，通过加强内部审计，积极争取政府的资金投入和银行贷款，为学院事业发展提供了经费保障。2015年盈余突破4000万，为新校区建设和教职工工资逐年提高，提供了资金保障。关心师生福祉，积极落实民生实事。2012年，通过向省人社厅积极争取，设置招聘条件，在公开招聘中共解决了107名人事代理人员的入编问题。学校依法为教职工办理医疗互助保险，坚持每年一次的教职工体检制度，定期开展教职工体育运动比赛。积极为困难学生办理帮扶、减免学费、助学贷款，对于没有获得减免学费的学生设立了勤工助学岗位，通过多种途径和方式听取师生对学习、工作、生活方面的意见和建议，不断改善管理和服务工作，为师生成长成才创造了良好环境，增强了党委的凝聚力与感召力。2016年10月28日，我校与长春空港开发区管委签署了《吉林体育学院新校区建设项目入区协议书》，这标志着我校新校区建设的美好蓝图已经开启。

2017年成立了承载学校转型发展为标志的运动健康技术学院，不仅填补了吉林省体育类高职高专办学层次的空白，而且开启了体育专业院校职业教育与普通教育相衔接，把专业建在运动健康服务产业链上，把学校建在城市产业园区中的先河。

吉林体育学院团委书记竞聘大会

吉林体育学院新校区规划图

吉林体育学院南岭校区综合楼

吉林体育学院临河校区灯光球场

吉林体育学院临河校区综合体育馆

吉林体育学院南岭校区综合体育馆

吉林体育学院图书馆

吉林体育学院食堂

三、教科研成果日渐丰富

高校作为造就高素质人才的摇篮和推动科学技术成果向现实生产力转化的重要力量,必须顺应时代和社会发展需要,以创新教育、创业教育和创优教育为根本,以培养具有创新、创业、创优精神和能力的人才为己任,更好地发挥教育与文化之间相辅相成的关系。围绕“吉林体育学院学术振兴行动计划”,随着对“三创”精神研究的不断深入,“三创”教育教学成果也日渐丰富。党委书记赵志军《创新、创业与创优教育的系统化构建实施策略研究》获2014年全国教育科学“十二五”规划课题;《“三创”教育体系化的构建:意义、逻辑基点及路径》获2014年吉林省高等教育学会第十三届优秀高教科研成果一等奖;《“三创”精神融入人才培养全过程的研究与实践》立项吉林省高校教学改革研究重点项目;《关于在党内率先强化“创优精神”的建议》被中共吉林省委决策咨询委员会采纳;《“三创”精神融入办学育人全过程》入选全国高校校园文化建设成果文库。

林省教育科学研究领导小组办公

关于变更课题负责人及相应研究单位的通知

吉林体育学院高教研究所：

长春工业大学刘影研究员承担的全国教育科学“十二五”规划2012年度单位资助教育部规划课题《创新、创业与创优教育的系统化构建实施策略研究》（课题批准号FIB120446），因课题负责人刘影同志于2014年7月退休，不便于课题研究工作的组织开展，根据“全国教育科学规划课题管理办法”相关规定，经本人申请，经全国教育科学规划领导小组批准，课题负责人由原课题组主要成员赵志军担任。赵志军为吉林体育学院教授，故本课题的责任单位由长春工业大学变更为吉林体育学院。特此通知。

吉林省教育科学研究领导小组办公室

2014年11月20日

成果名称：“三创”教育体系化的构建:意义\逻辑基点及路径
GJKY
获 奖 者：赵志军
获奖类别：论文类
获奖等级：一等奖
吉林省高等教育学会
十三届优秀高教科研成果奖
证　书
吉林省高等教育学会
2014年9月1日

奖励证书
赵志军 同志：
您的《吉林省创业教育体系构建与实施研究》获吉林省首届社会科学基金项目优秀成果奖著作类二等奖。
特发此证，以资鼓励。
吉林省哲学社会科学规划领导小组
2011年4月26日

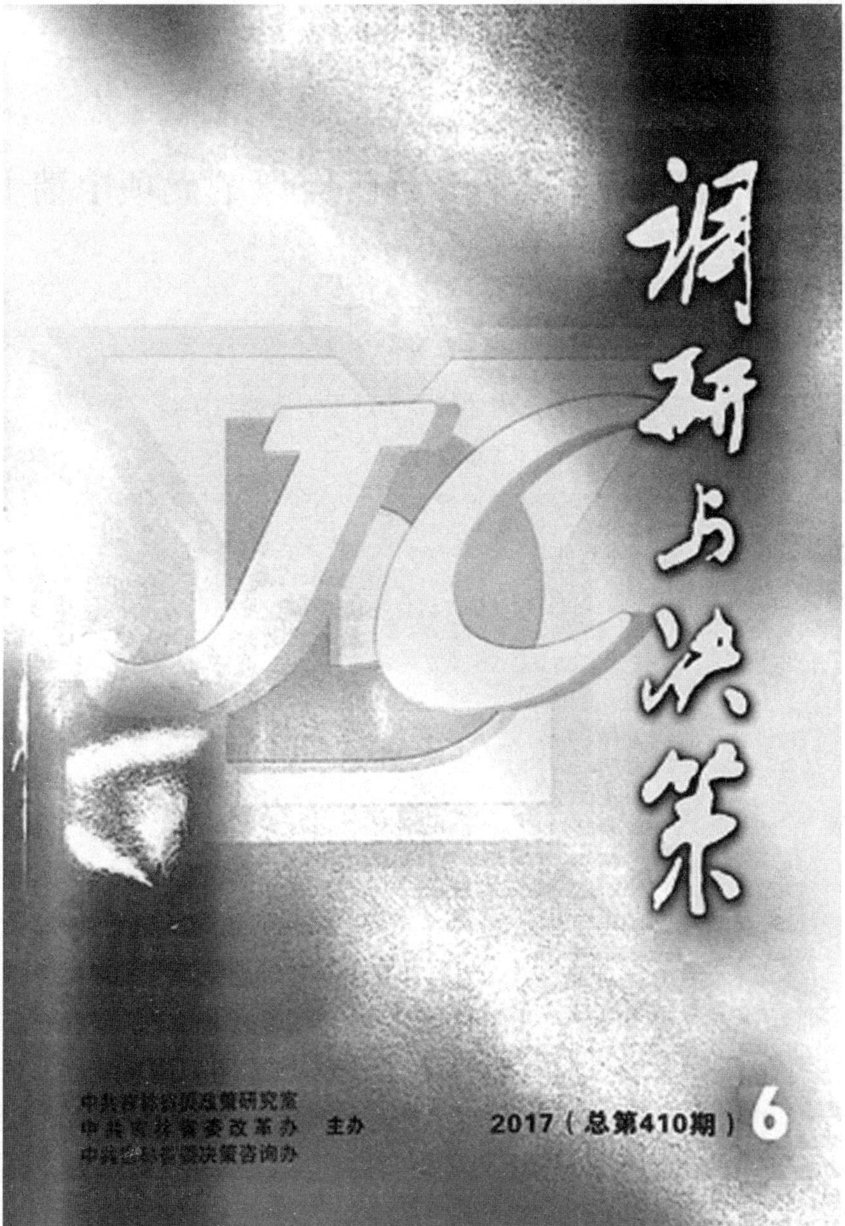
调研与决策
JC
主办
2017（总第410期）6

吉林省高等教育教学改革研究课题立项申请书

课题名称 “三创”精神融入人才培养全过程的研究与实践

课题申报层次(重点或一般) 重点课题

课题主持人 赵志军

推荐单位 吉林体育学院

填表日期 2016 年 5 月 17 日

吉林省教育厅

一、课题成员简况

<table>
<tr><td colspan="2">课题名称</td><td colspan="6">“三创”精神融入人才培养全过程的研究与实践</td></tr>
<tr><td colspan="2">课题研究起止年月</td><td colspan="6">2016年7月—2017年7月</td></tr>
<tr><td colspan="2">课题实践起止年月</td><td colspan="6">2017年1月—2017年12月</td></tr>
<tr><td rowspan="10">课题主持人</td><td>姓名</td><td>赵志军</td><td>性别</td><td>男</td><td>出生年月</td><td colspan="2">1958年7月</td></tr>
<tr><td>职称</td><td>教授</td><td>职务</td><td>党委书记</td><td>学位</td><td colspan="2">博士</td></tr>
<tr><td>所在学校</td><td colspan="3">吉林体育学院</td><td>联系电话</td><td colspan="2">85267827</td></tr>
<tr><td rowspan="2">近五年完成的主要教学工作</td><td>时间</td><td colspan="2">主讲课程名称</td><td>授课对象</td><td>学时</td><td>学生人数</td></tr>
<tr><td>2013年至今</td><td colspan="2">管理思想史</td><td>吉林体育学院研究生</td><td>512</td><td>80</td></tr>
<tr><td rowspan="5">完成的主要教学改革和科研工作</td><td>时间</td><td colspan="3">项目名称</td><td colspan="2">获奖情况</td></tr>
<tr><td>2007.12</td><td colspan="3">关于推进创业教育的若干思考</td><td colspan="2">吉林省社会科学界联合会第二次社会科学优秀成果一等奖</td></tr>
<tr><td>2009.04.30</td><td colspan="3">主持的《地方高等师范院校实施创业教育的研究与实践》</td><td colspan="2">荣获第六届吉林省高等教育省级教学成果一等奖</td></tr>
<tr><td>2009.06</td><td colspan="3">主持的《高等学校创业教育体系构建与实施研究》科研课题</td><td colspan="2">获2008年吉林省高校社会科学优秀研究成果一等奖</td></tr>
<tr><td>2011.06.20</td><td colspan="3">著作《吉林省创业教育体系构建与实施研究》</td><td colspan="2">吉林省社会科学基金项目首届优秀成果著作类二等奖</td></tr>
<tr><td rowspan="5">课题组主要成员（不含主持人）</td><td>姓名</td><td>性别</td><td>年龄</td><td>职称</td><td colspan="2">工作单位</td><td>课题分工</td></tr>
<tr><td>王月华</td><td>女</td><td>52</td><td>教授</td><td colspan="2">吉林体育学院</td><td>研究路径和载体规划</td></tr>
<tr><td>邹奇</td><td>女</td><td>35</td><td>副教授</td><td colspan="2">吉林体育学院</td><td>协调及调研</td></tr>
<tr><td>张楠</td><td>女</td><td>36</td><td>副教授</td><td colspan="2">吉林体育学院</td><td>实践问题研究及撰写</td></tr>
<tr><td>夏丹</td><td>女</td><td>46</td><td>讲师</td><td colspan="2">吉林体育学院</td><td>材料查阅
文字整理</td></tr>
</table>

二、课题国内外研究状况

“三创”精神是源自创新、创业、创优内在精神的高度集成。大力促进创新创业创优，是实现中华民族伟大复兴的必由之路。习近平总书记指出：“创新是民族进步的灵魂，是一个国家兴旺发达的不竭源泉，也是中华民族最深沉的民族禀赋。”“实施创新驱动发展战略决定着中华民族前途命运。”在实践中，创新是灵魂，是先导；创业和创优是载体，是依归。没有创新，创业和创优不可持续；没有创业和创优，创新成果必然束之高阁。创新不仅指科技创新，还包括管理、服务、组织、工作等各方面的创新；创业不仅指创办企业，还包括开创事业、树立艰苦创业精神等；创优范围更加广泛，任何行业和岗位争先创优都是永恒的主题。因此，要实现中华民族的伟大复兴，就必须在各个领域锐意创新、敢于创业、努力创优，为实现“中国梦”提供无穷的动力源泉。高校担负着人才培养的重任，当今中国社会迫切需要“三创”人才，这就要求各级各类教育主动调整、主动适应，通过“三创”教育培养具有“三创”精神的人才。但我国现行的教育体制基本上还未脱离应试教育框架，专业缺少个性特色，学生的动手能力普遍较弱，依赖性较强。在这个大背景下，“三创”教育的研究就更应该发挥其主动性和创造性，研究出一套更适合中国高校发展的教育体制新模式。

本课题主持人赵志军教授，对创新、创业与创优教育进行深入研究与思考已经持续了十余年。无论在吉林工学院（现为长春工业大学）、吉林省高校工委、吉林省教育科学院，还是在白城师范学院、长春金融高等专科学校以及吉林体育学院，始终没有放弃对创新、创业与创优教育的理论思考，始终没有离开对培养创新、创业与创优人才的实践探索，始终没有停滞对“三创”精神在高校办学过程中大力推行的倡导。

1. 国内研究状况综述：

纵观国内对“三创”教育和“三创”精神的研究，绝大多数针对创新和创业，其中创新更为多见，而创优教育和创优精神的研究少之又少，在高校研究探索“三创”精神并将其融入人才培养全过程也是吉林体院的首创。

2012 年，赵志军在《高等教育的重要使命：“三创”品质的集成嵌入》中首次提出“三创教育”理论,即:创新教育、创业教育和创优教育。

张聪、赵志军在教育部哲学社会科学研究重大课题攻关项目(09JZD0034-2)吉林省普通高校人文社会科学重点研究基地开放项目、吉林省科技发展计划项目(20100633)《将创新、创业与创优理念融入各级各类教育》中指出,时代的转型为中国的教育发展方式带来了新的挑战,而理念的更新则成为这种转变所面对的首要问题。创新、创业与创优理念与各级各类教育有着内在联系,这些理念对于当前提高创业教育的实效性、实现学生的全面发展、建设人力资源强国以及应对未来社会发展挑战具有重要意义。为此,应将其逐渐融入各级各类教育发展之中,从学段化、内质化及系统化三个维度加以有效定位,并以此为基础寻求具体的“融入”策略。这是目前国内对“三创”精神在教育领域应用较为深入为数不多的研究之一。

除此之外还有,刘影《“三创”教育:意义、逻辑基点、体系化构建》指出创新、创业和创优教育三者各有内涵又相互关联,统一于人才培养与素质教育体系中。构建“创新、创业、创优”教育这一系统化的教育体系,不但符合未来社会对于高水平人才的现实需求,也反映出教育理论研究不断与时俱进的时代特征,对于促进我国经济发展、实现中华民族伟大复兴与培养全面的社会主义接班人具有重要意义。李志强《实施“三创”特色文化教育助力学生成长成才》高等教育应当以社会需求作为人才培养的导向,将学生的创新、创业与创优培养作为人才培养的指导思想与文化特色,着力学生的创新基本知识、创业实践能力、创业潜能开展、创优思维训练与青少年的社会责任感方面开发教育,培养具有时代特征与具有国际视野的人才。

另外对创新和创业教育的研究可见一些,如尚恒志在论文《高校开展大学生创业教育的途径探析》(2009)中提出了在学科教育和专业教育中逐渐渗透创新创业教育的思想;在教育内容上进行创新创业教育的延伸与拓宽;进行课程综合改革,结合专业需要将创新创业课程列为必修课或选修课;调整优化创新创业教育师资队伍;采取多种措施,在校园内营造浓郁的创新创业文化氛围;开展丰富多彩的创新创业实践活动等来全面推进创新创业教育。李平媛在其文章《将创新创业教育融入人才培养全过程的思考》(2013)中提出应该从学生入学到毕业、从素质教育到专业教育、从理论学习到实践训练、从第一课堂到第二课堂,全方位、立体化地融入创新创业教育的理念。

由此可见,在“三创”教育方面我国已经取得了一部分研究成果。但对“三创”教育体系下实则是要培养具有“三创”精神的人这一命题未见研究先例。“三创”教育的实施,绝不是单纯在创新、创业、创优教育方面简单的叠加,只有把它作为高等学校教育教学改革的基点来抓实、抓深、抓透,要将“三创”精神融入人才培养全过程,依据“三创”理念设计人才培养方案、调整课程设置、加强师资队伍力量等等,才能真正发挥“三创”教育体系的作用和功效,从而培养出更多具有“三创”精神的“三创”人才。这也是本课题的研究价值所在。

2. 国外研究状况综述

英国的创新创业教育高度普及。这主要体现在:(1)创新创业教育已经普及到各级各类教育机构中。无论是像剑桥大学那样的国际顶尖学府,还是地方性的彼得伯勒职业学院都结合各自的特点开展了多样化的创新创业教育。(2)各大学面向全校各层次学生提供了大量学分和非学分创新创业课程。例如,考文垂大学面向全校学生开设了12门有关创新创业的课程,并设立了一个创业本科专业和一个称为“全球创业”的硕士专业。剑桥大学开设的学分和非学分课程多达13门,并涵盖了本科、硕士和博士层次。蒂赛德大学所开发的创新创业课程和培训涉及本科、硕士以及毕业后的继续教育阶段。(3)参加学习的学生众多。考文垂大学每年注册学习者高达4500人左右。截至2015年,该校已有13000名学生注册学习过有关创新创业课程。麦克·马伦在其文章《Some Problems in Using Subjective Measures of Effectiveness to Evaluate Entrepreneurial Assistance Programs Entrepreneurship》中认为英国的高校应该按照创新创业教育的机会成本和成本效率来评价创新创业教育项目,根据收益成本原则,创新创业教育的实施者和实践者,也就是高校及学生都希望成本小于收益。对于创新创业课程的评价方面,他们则认为应该直接将课程实施的结果和目标进行对比,看是否达到预期的效果。评价课程的指标可以为学生创办企业的个数、创新创业收益、为社会提供的就业岗位数等等。

瑞典政府曾表示,要在瑞典大学中打造出能够与国际劳动力市场接轨、具备实践性的教育环境,教育的中心理念就是要保证可持续的创新力。瑞典工业大臣安妮·勒夫此前在出席瑞典全国青年企业主会展时说,瑞典的未来发展需要更多年轻创新者和创业者,也需要更多年轻企业家。她认为,“敢于自主创业”非常重要。“创业中心”是瑞典引导和扶持大学毕业生创业的专门机构之一,该机构覆盖了瑞典全国近十个大中型城市。该机构设立创新奖,每年吸引大量新毕业生和新的科技创新成果,并从中选拔出优秀的人才与项目。越来越多的大学毕业生从这一机构获得了创业启动资金,并在其专业引导员的帮助下,制定可行的商业计划,从而实现从一名毕业生到自雇企业主的转化,真正将创新研究应用于实践。

在自然资源匮乏的韩国,科技人才被看作是建设“科学技术强国”的最重要的资源,积极制定相关的人才竞争战略,为提升国家竞争力而进行不懈的努力。有关学者对创新创业教育也有研究,朴钟鹤的《韩国高校创业教育发展与创新——以五所“创业研究生院”为例》(*On the Development and Innovation of Korean University Entrepreneurship Education——Taking Five Entrepreneurial Graduate Schools as Examples*)指出韩国高校创业教育始于20世纪80年代。历经30多年的发展,如今韩国高校创业教育业已形成以5所创业研究生院为核心、辐射全国的创业教育基本体系。韩国创业研究生院的创业教育在政策及财政上得到充分保障,且以开放的姿态招生,注重课程特色化建设与区域产业发展相结合,实现了创业教育的专业化发展与人才培养的多元化。

西摩·妮科尔在“*Entrepreneurship Education in American Community Colleges and Universities*”中分析了美国的大学、社区学院以及商学院的创新创业人才培养。大约有100多个机构提供创新创业教育项目,约1500所大学提供小企业管理课程和创新创业教育课程。社区学院强调劳动力的发展和训练,为创业者提供很多教育机会,如开设创新创业课程、提供学位、颁发证书和建立小企业发展中心等等。除了传统的课程教学之外,美国的高校还设立创新创业俱乐部、创新创业网站等,学生们可以在俱乐部和网站当中得到创业的及时信息。

综上所述,国外许多国家对创业、创新的探索有之而且相当重视,实践表明确实对社会经济发展和缓解就业能方面起到了积极的作用。但在创新、创业教育方面研究甚少,也没有提出将创新、创业、创优精神引入教育领域的可参考资料。

三、课题研究的目的及意义

教育肩负着为人类社会的生存与发展培养人才、传承文化、提升品位的使命。在不同的发展阶段,教育的使命也被赋予不用的理论内涵。正如《国家中长期教育改革和发展规划纲要(2010－2020)》所指出:面对“大发展大变革大调整时期”的未来挑战,“按照面向现代化、面向世界、面向未来的要求,适应全面建设小康社会、建设创新型国家的需要”,应“推动教育事业在新的历史起点上科学发展,加快从教育大国向教育强国、从人力资源大国向人力资源强国迈进”。在这一过程中,“学生适应社会和就业创业能力不强,创新性、实用性、复合型人才紧缺”已经成为制约创新性国家战略的瓶颈。其实,我们不仅需要“数以亿计”的创新性人才,唤起全民创业热情,而且更需要积极提升全社会的创优精神和品质。这就要求我们对创新、创业、创优精神高度集成,进一步理清三者之间的内在逻辑及与教育发展的内在价值关联与使命赋予。故而,培养具有“三创”精神的高素质人才,将“三创”精神融入人才培养全过程是新时期教育发展使命之中理应成为迫切思考的时代课题。

为了更加清晰地阐明创新、创业与创优教育的内在逻辑、基本结构、实施路径与方法,课题主持人赵志军教授将其申请并被批准确立为全国教育科学“十二五”规划课题:“创新、创业与创优教育的系统化建构实施策略研究”(课题编号:FIB120446),进行了为期三年的合作研究,以“三创”教育在我国的发展历程以及理论架构为经线,以“三创”教育在基础教育以及高等教育中的实践探索为纬线,以期系统化建构“三创”教育理论,并为实施“三创”教育开辟新路。

“三创”精神融入人才培养全过程在吉林体育学院已经有了近五年的实践,在吉林体育学院的办学过程中以“三创”精神为引领,学校各项事业科学快速发展,学校的社会影响力不断增强,人才培养质量不断攀升。不断拓展对“三创”精神的深入研究,探索“三创”精神融入人才培养全过程更有效的方式和载体,必将对吉林体育学院乃至全省、全国高等教育人才培养模式的更新和完善起到至关重要的作用。

四、课题研究的主要内容和需解决的关键问题

(一)课题研究的主要内容

1.“三创”精神的学理内涵与内在逻辑

“三创”精神是基于创新、创业及创优高度集成的具有本原特质的教育品性与行为,它影响着创新人才的规格、创业历程的绩效以及创优意识的生成。“三创”精神的人才培养以社会和人的发展需求为出发点,着眼于改善创新、创业与创优教育零散化、碎片化的现实状况,系统化推进“三创”精神与能力的高度集成。

2.“三创”精神融入人才培养全过程的必要性

面对未来社会发展的挑战,我们亟须有效转变经济发展方式,促进教育与社会的和谐互动。而基本的措施就是实施“三创”教育,树立“三创”精神,培养“三创”人才,增强全民族的创新、创优、创业品质。面对当前分散性、碎片化的创新、创优与创业教育状况,我们应当通过提升“三创”精神给力教育与社会发展。

3.“三创”教育体系化构建的意义

创新教育、创业教育与创优教育旨在培养学生的“三创”意识使之具有创新、创业和创优的精神,三者具有内在一致性。今天的形势发展更需要“创新、创业、创优”的统一,即“三创”整合嵌入教育及社会实践全过程。因此,基于理论逻辑、实践逻辑、思维逻辑,深入研究并构建“三创”教育体系不仅有利于提升学生的创新品质、创业能力和创优意识,而且对于彰显具有中国特色、中国风格和中国气派的教育创新具有重要意义。

4.“三创”教育体系化构建的基本路经

系统化的理论逻辑、规范化的实践逻辑和多态化的思维逻辑规约着“三创”教育必然要进行整体性构建。这种构建既需要合乎理论逻辑的学术范式,也需要合乎实践逻辑的基本规则,更需要合乎思维逻辑的技术理性。因此,“三创”教育的体系化构建必然要经历“教育理念→课程方案→研究氛围→教师教育机制”的实施路径。

5.“三创”精神何以有效嵌入高等教育

作为培养青少年思想品质的重要场域,教育无疑是创新、创业与创优品质培育的主渠道与实施的基础性路径。为此,新时期的教育事业应以培育具有“三创”

品质的高素质人才为使命,采取多种措施优先发展。我国高校的"三创"教育都处在初级阶段,没有成功经验可以借鉴。所以说,各高校应该在未来一段时间加强对"三创"教育规律和特点的研究,从而更好地指导高校的教育实践,可以涵盖课程体系构建、制约因素探讨、教育模式和方法、师资队伍建设、教育实践基地建设等方面。优化学科专业结构,加强师资队伍建设,加强课程与教材建设,完善教学管理体制建设等等。所有这些方面的集成都是为了使"三创"教育得到更好的实施,能够将"三创"精神更深层次融入人才培养全过程,为高等教育人才培养质量提升服务。

6. "三创"精神融入人才培养全过程实践探索

吉林体育学院围绕"创"字来确立自己的人才培养模式和教学方法,设计和启动新的教学改革行动计划,明确提出培养具有创新、创业和创优精神和实践能力的复合型高级专门人才的教学目标。把学生创新精神、创业意识与创优追求的培养摆到专业培养计划的重要位置,在办学理念、培养方案、课程设置、管理制度等教育教学思想中渗入创新精神,在课堂教学、实验、实习、毕业论文等所有教学环节中渗透创业精神,在科技创新、学术活动、社会实践活动、校园文化建设中融入创优精神,实施全方面、多角度,由小到大、由校内到校外的"三创"教育全覆盖体系,将"创新、创业、创优"精神融入人才培养全过程,取得了丰硕成果。

(二)本课题研究的关键问题:

本课题研究的关键问题是"三创"精神融入人才培养全过程的内容设计和载体设计。

1. 依据"三创"精神内涵所包括的三个方面,将哪些内容列入其中编制教材、设计课程等。

2. "三创"精神通过什么途径依托什么载体融入人才培养全过程。

五、研究方案及落实措施

(一)研究方案

1. 把握研究意义与目的

"三创"精神是源自创新、创业、创优内在精神的高度集成。大力促进创新、创业、创优,是实现中华民族伟大复兴的必由之路。习近平总书记指出:"创新是民族进步的灵魂,是一个国家兴旺发达的不竭源泉,也是中华民族最深沉的民族禀赋。”“实施创新驱动发展战略决定着中华民族前途命运。”在实践中,创新是灵魂,是先导;创业和创优是载体,是依归。没有创新,创业和创优不可持续;没有创业和创优,创新成果必然束之高阁。创新不仅指科技创新,还包括管理、服务、组织、工作等各方面的创新;创业不仅指创办企业,还包括开创事业、树立艰苦创业精神等;创优范围更加广泛,任何行业和岗位争先创优都是永恒的主题。因此,要实现中华民族的伟大复兴,就必须在各个领域锐意创新、敢于创业、努力创优,为实现“中国梦”提供无穷的动力源泉。高校担负着人才培养的重任,当今中国社会迫切需要“三创”人才,这就要求各级各类教育主动调整、主动适应,通过“三创”教育培养具有“三创”精神的人才。但我国现行的教育体制基本上还未脱离应试教育框架,专业缺少个性特色,学生的动手能力普遍较弱,依赖性较强。在这个大背景下,“三创”教育的研究就更应该发挥其主动性和创造性,研究出一套更适合中国高校发展的教育体制新模式。

2. 明晰研究目标

(1)学校层面目标:深入研究“三创”精神融入人才培养全过程的有效途径和方式,做好“三创”教育实施过程监控工作,通过监督评价激励机制充分发挥“三创”教育功能,为学校培养更多具有“三创”精神的合格体育大学生服务。

(2)社会层面目标:通过研究“三创”教育过程中培养出更多具有“三创”精神的符合社会需求、紧跟时代发展步伐的大学生这种有益的实践与探索,为高等学校特别是体育类高等院校拓宽人才培养模式,更好地进行教育教学改革提供范例。

3. 明确研究内容

(1)“三创”精神的学理内涵与内在逻辑

①创新,是实现创业与创优品质的基本方式,也是对创优与创业方式的规定。

②创业,是实现创新与创优品质的有效途径,也是对事业发展方式的规定。

③创优,是实现创新与创业品质的根本目标,也是对创新与创业的质的规定。

(2)“三创”精神融入人才培养全过程的必要性

①“三创”精神的有效融入是提高创业教育时效性的客观需要

②“三创”精神的有效融入是实现学生全面发展的基本方式

③“三创”精神的有效融入是建设人力资源强国的必要保证

④“三创”精神的有效融入是应对未来社会发展挑战的基本举措

(3)“三创”教育体系化构建的意义

①构建“三创”教育体系适应了经济社会发展对教育的呼唤

②构建“三创”教育体系是为实现“中国梦”提供人才保障的需要

③构建“三创”教育体系是实现人的全面发展的重要措施

④“三创”教育整体嵌入教育实践是教育理论的重大创新

(4)“三创”教育体系化构建的基本路径

①更新传统教育观念

②构建有利于“三创”教育实施的课程方案

③创设有利于“三创”教育不断深化的研究情景与社会氛围

④形成有利于“三创”教育开展的教师教育机制

(5)“三创”精神有效嵌入高等教育的路径

①将“三创”品质的培养纳入高等教育发展的顶层设计

②将“三创”品质的培养导入教学程式的整体过程

③将“三创”品质的培养融入学生培养的个体发展

④将“三创”品质的培养引入教师教育过程

(6)“三创”精神融入人才培养全过程实践探索

①理念先行,“三创”精神全方位贯彻到人才培养体系中

a.“三创”理念纳入学校顶层设计

b.“三创”理念纳入人才培养方案

c.“三创”理念融入课程与教材

d.“三创”理念融入第二课堂、社会实践

e.“三创”精神融入校园文化

②保障有力,“三创”精神畅行人才培养全过程

a. 学校党委重视,定为办学特色

b. 培养“三创”意识,提供师资保证

c. 深化科学研究,坚实理论基础

d. 强化制度起效,确保政令畅通

水平技术技能人才的最高技能称号。

吉林省副省长谷春立在受聘仪式上指出，要深刻认识“长白山学者”和“长白山技能名师”在全省未来发展中的重要作用，努力打造“长白山学者”和“长白山技能名师”为代表的高层次人才队伍；要注重青年学科带头人和学术骨干力量，坚持事业发展和人才发展相结合，加强高端技能人才培养；充分发挥学者、名师的示范引领作用，加快高教强省建设。

我院杨明教授在集体合影留念后，应邀接受电视台记者的采访。

图书馆在省教育厅评估中取得佳绩

本报讯(图书馆　葛萍)4月16日,为落实教育部《普通高等学校图书馆规程》的文件精神和全省普通高等学校图书馆进行“十二五期间全面评估”工作要求,省教育厅高教处和省高校图工委组织专家,对我校图书馆进行评估。评估专家组一行6人,由省教育厅高教处副处级调研员韩依彤带队,吉林大学图书馆馆长王剑担任组长。

张瑞林校长出席评估报告会并致辞,对专家组的到来表示欢迎,对教育厅重视高校图书馆建设工作表示感谢,同时,向专家介绍了我校的发展定位、学科建设、专业建设、师资队伍建设和学校未来规划等情况。他指出,图书馆是高等学校教学与科研的有力保障,是高等学校学科建设和人才培养工作的基础。一直以来,我校十分重视图书馆的发展建设,在此次评估工作中,图书馆同志积极投入、扎实推进,力争把此次评估工作做细、做实。希望图书馆以这次评估为契机,本着“以评促建、评建结合、重在建设”的理念,使我校图书馆的各项工作再上一个新的台阶。

我校图书馆馆长佟加林依据评估指标体系向专家做了详细的汇报。专家组对评估材料进行了评审,又实地考察了我校图书馆的硬件设施,参观了冰雪文化研究中心。专家组对我校图书藏量和管理水平表示赞许,对我校图书馆的发展、变化和取得的成绩给予高度肯定,同时就文献资源、数字化建设、专业数据库建设和信息服务等方面提出了中肯的意见和建议。

参照评估指标,经过专家认真、客观的评审,我校图书馆工作在此次评估中被评为“优秀”。

学校得到社会各界高度评价

对人才进行教育和培训的过程称之为“人才培养”。被选拔的人才只有经过专门性和针对性的培养训练,才能成为各种职业和岗位要求的专门人才。而教育教学改革的根本目的是提高人才培养质量。衡量人才培养质量的评价尺度,一种是学校内部的评价尺度;另一种是学校外部的评价尺度,即社会的评价尺度。人才培养程度以及培养质量,既要接受学校自身对高等教育内部质量特征的评价,又要接受社会对高等教育外显质量特征的评价。因此,以提高人才培养质量为核心的人才培养,必须遵循教育的外部关系规律与教育的内部关系规律,即利用“三创”教育展开培养训练过程,结合“三创”教育保证人才培养质量,针对“三创”教育提高人才培养高端应用性。

在“创新、创业、创优”精神引领下,不仅要培养“三创”型人才,同时还要发挥学校的专业优势,服务社会奉献体育事业发展。学校党委把服务区域经济社会和行业发展作为重要职责,紧紧围绕“建设高等教育强省”和“冰雪体育运动强省”的目标积极调整学科和专业设置,使人才培养结构与社会需求结构相符合,并积极发挥自身优势,服务行业与社会发展。在服务竞技比赛、承办重大体育赛事、推进全民健身、传播体育文化等方面发挥了重要作用。在伦敦奥运会上,我校以李金子为代表的吉林体院教师在伦敦奥运会拳击项目上取得铜牌;以杨明教授为代表的奥运攻关科研服务团队,以学校国家冬季耐力项目重点实验室为平台,助力我国男子竞走二十公里选手陈定夺得冠军,学校获得“第30届奥运会科研攻关与科技服务项目”一等奖、三等奖和“突出贡献奖”,被授予“第三十届奥运会科研攻关与科技服务项目合作单位”荣誉称号。2012年举全校之力圆满完成了第十二届全国冬季运动会大型活动策划设计、志愿者服务、会歌征集和学术报告会等任务,被众多媒体赞誉为“高等学校服务行业发展的风向标”,受到省政府和十二冬组委会的表彰。为助力冬奥申办,从2014年起,连续三年整合社会资源成功举办了三届“长春大众冰雪季”活动,打造了体育惠民活动品牌,为服务“冰雪强省”建设做出贡献,受到国家体育总局、省体育局的肯定和长春广大市民的欢迎。依托国家社会指导员培训基地、腾达培训中心、长春市国民体质监测站、吉林省健身志愿者培训基地等平台,圆满完成了裁判员、志愿者、传统校校长、体育师资国培、社会指导员等多项体育培训和服务任务,学校多次荣获“长春市国民体质监测先进单位”

“吉林省全民健身志愿者培训标兵单位”“全民健身活动先进单位”“全国竞赛工作先进单位”荣誉称号。2014 年,由我校发起成立了吉林省高校体育专业就业创业联盟,实现了就业信息资源共享。2014 年以来,学校共举办就业知识宣讲会 43 场,组织召开“吉林省体育类毕业生供需洽谈会”3 次,来自全国各地 200 多家用人单位为毕业生提供就业岗位近 3000 个,有 1000 多名毕业生与用人单位进行了意向签约,吉林省体育专业毕业生就业工作联盟品牌影响力不断扩大。

第十二届冬季运动会开幕式吉林体育学院国旗队开创了

大学生担任全国性运动会护旗任务的先河

学校承办全国第十二届冬季运动会闭幕式演出

第八章　高校“三创”精神融入办学育人全过程分析与展望

第一节　我国高校实施“三创”教育、树立“三创”精神的现状

一、我国高校“三创”教育整合正处在萌发阶段

21世纪，经济发展面临三大挑战。首先，较大规模的企业应当努力按照创业的运作方式进行思考、行动和完成各项职能。企业要么对现有创业运作方式加以调整和创造，要么被其他竞争者或新建企业替代，除此之外不会有第三种选择；其次，新企业的可持续经营特征要求企业的战略以及实践必须适应生态与环境健康发展的要求；最后，未来创业一代所面临的是各方面存在永无止境的要求。① 这三大挑战，透过知识经济与经济全球化等层面传递到高等教育。21世纪末以来，国内众多高校开展创业教育，是应对三大挑战的适应性反应，即人才培养要适应未来发展对人才创造精神、创新能力的要求。创业教育、创新教育与创优教育的内涵不尽相同，但主旨一致的教育思想在实践上无法分开，在大学阶段开展以培养学生创业为主要目标的“三创”（创新、创业、创优）教育将是高等教育发展的又一种新趋势。

近年我国的“三创”型人才培养实践在育人环境、实践条件、师资队伍和现有

---

① ［美］杰弗里·帝蒙斯：《创业者》，华夏出版社1999年，第53页。

措施等方面取得了许多成就。但由于我国“三创”型人才培养实践起步较晚,条件有限,经验不足,在“三创”型人才培养实践中仍然存在着观念更新较慢、制度建设滞后、方法措施不力和教育水平失衡等诸多问题。因此,我国高校的“三创”教育在整合方面还处在萌发阶段。只是在大体上初步形成了以创新教育为突破、继而进行创业系统学习、创业的实践训练与提高,最后实现创优这一目标的整合想法。

当前,我国高等学校在定位和指导思想方面存在着趋同的现象。发达国家的成功发展经验告诉我们,一个国家的经济振兴在很大程度上取决于全民的创新意识与创业的技能水平。当前大学生就业形势日趋严峻,高校应积极借鉴国外“三创”教育经验,了解“三创”教育的趋势,把“三创”教育很好地整合在一起。但在传统工业文明体系之下,我们培养出的人才严重缺乏“三创”能力,所以正如当初我们所走的中国特色社会主义道路一样,“三创”教育的整合之路也处于探索萌发阶段。道路虽曲折漫长,但前途却是光明一片。

(一)高校“三创”教育的集成正处于起步阶段

创新在于创造性(局部创新、功能完善、方法调整这些都属于创新性,如果完全创新就是创造,即从无到有的过程,是创新的最高境界),创业在于转换性,创优则在于整体性和效果性。“三创”教育是因材施教的教育,那种统一计划、统一大纲、统一教材、统一进度、统一作业、统一考试形式很容易造成千人一面和同一规格的人才模式。不同教育对象,应采取不同“三创”教育模式,才能克服教师一味按照自己的思维定式组织教学。现在我国高校纷纷开展“三创”教育,但普遍处于起步阶段。21 世纪初,高教界提出了创新教育和创业教育的理念,即在通识教育、学科教育、学术教育、专业化教育、融成教育(文理融合及成功教育)的基础上,使创新教育、创业教育和创优教育及其整合方式逐渐进入教育的主体甚至成为教育的灵魂。这里提到的“整合方式”,不是指三者的简单叠加和松散联合,而是对传统教育进行从系统到要素的全面改革,从而创建一种超越传统教育,并能反映民族、时代和未来精神的新型教育;是三者的科学整合和有机结合,是结构性、系统性重组。一般来说,三者具有内在的一致性,都给予认识主体一种“新”的感觉,都含有“创”的成分,但“创”的程度、形态、内容、阶段却不同。可以说,创新教育、创业教育和创优教育之中的任何一种,都曾有过大力的提倡,但整合到一起来开展的高校还为数不多。

企业希望人才培养能够实现零距离,希望人才与岗位匹配度达到百分百,但事实上绝大部分大学生的不适应期长达几个月,甚至一年以上。症结在于很多学生的创新创业和实践动手能力达不到岗位要求。这为高校的“三创”教育提出了一个深层次的命题。近年来,企业越来越强调自主创新能力。企业自主创新能力的薄弱,反映了人才创新能力的薄弱,也反映了高校创业教育的薄弱。我们的教育不能仅仅停留在向学生传授知识这个层面,还应更快地适应创新型社会的需求,建立有自己特色的创业教育体制。

因此,不论是高校还是企业,我国的“三创”教育都处在初级阶段,没有成功经验可以借鉴。所以说,各高校应该在未来一段时间加强对“三创”教育规律和特点的研究,从而更好地指导高校的教育实践,可以涵盖课程体系构建、制约因素探讨、教育模式和方法、师资队伍建设、教育实践基地建设等方面。优化学科专业结构,加强师资队伍建设,加强课程与教材建设,完善教学管理体制建设等等。所有这些方面的集成都是为了使“三创”教育得到更好的实施。但由于我国“三创”教育处于初级阶段,所以这些资源的整合性、集成性也处于起步阶段。

(二)高校“三创”教育的融合正处于建议阶段

所谓“三创”教育,绝不是创新教育、创业教育和创优教育的简单算术相加,而是对传统教育进行从系统到要素的全面改革,从而创建一种与传统教育互补又必须超越,并能反映民族、时代和未来精神的新型教育;是三者的重新整合和有机结合,是结构性系统性重组。当然,只要是有系统性就会有差异性的存在。无论从理论还是实践上理解,“三创”教育概念的内涵各要素之间可以分解为以下几组关系。

如果说创新教育主要着眼于人的精神成人,创业教育则主要着眼于人的事业成人,而创优教育就是人的素质成人过程。

创新教育是以新型的教育理念为指导,以各种丰富的教学实践及教学技术为手段,以培养学生创造创新精神和增进创造创新知识素养为基本价值取向的教育。

创业教育则是以通过各种现代知识技术手段,向学生传授各种创业基本知识技能,开发提高学生自主开创伟业的素质,培养创业意识、形成创业能力的教育。

创优教育就是如何将知识、能力内化为素质的教育过程,是“三创”教育的内核与综合。

从创新教育、创业教育和创优概念的比较中，我们不难发现，三者内容结构相互融合，相辅相成。因此，创新、创业与创优是互补的，是密切联系、缺一不可的。

创新、创业是创优的基础，高等学校的创新、创业教育成效，可以通过其培养的学生未来的创优能力来检验；创优是创新、创业的重要载体和表现形式；创新教育注重的是对人的发展的总体把握，创业教育注重的是对人的价值具体的体现，创优教育注重对人的素质的展现。三者相互促进又相互制约，是密不可分的辩证统一体。

创新、创业教育与创优教育的内容有些是相似相通的，但这并不说明三者可以相互替代。因为，仅仅具备创新精神是不够的，它只是为创业成功提供了可能性和必要的准备。三者相互渗透、协调和统一，创新贯穿于始终，创业承前启后，创优统一于一体。“三创”教育活动将学生的精神、能力、实践、素质融于一体，突出培养学生勇于创新、乐于创业、善于创优的意识、能力。三者各有所长，交相辉映，相得益彰，三者的有机结合无疑是教育的最高境界。

综上所述，创新、创业与创优教育，其内涵既有联系又有区别，既相辅相成，又无法割裂，它们形成一个相互联结、互为因果的一体化完整关系。与其说把它们简单相加整合在一起，不如说抓住它们各自的特点和研究方向，实现三者之间的融合。这种共性和个性之间关系的存在，使得“三创”教育的融合要在这种共性和个性之间寻找切入点，更大地发挥它的整体性作用。

（三）高校创优教育的开展正处于初始阶段

创优教育刚刚兴起尚未形成完整理论。在“三创”教育理念中，创优品质是各级各类教育发展的终极追求。利用优质教育，催发优质人才的有效生成，最终实现创新、创业、创优。创优教育理论是从质的方面对创优人才提出的高要求，不仅要培养和强化自尊心、自信心，还要实现创优人才的持续发展与优质素质的逐步提高，这对于创优教育理论研究提出了更高的要求。单一地开展创优教育理论研究，无法最终实现对创优人才的全面发展和有效培养。从人的社会生产活动来看，创新可以出新产品，但新产品不一定都能成为社会广泛共享的商品，需要创业者创建企业，生产和销售新产品，使之成为商品投放市场为消费者购买享用。瓦特虽然发明了蒸汽机，由于没有创办企业生产出可出售的具有使用价值的蒸汽机商品,致使其贫困潦倒。后来他的儿子和企业家联合创业办厂,把蒸汽机从实验室转入生产车间,制造出可在社会生产中使用的蒸汽机,通过出售商品蒸汽机获得大量财富,实现了从创新到创业,从产品到商品,从个人劳动到社会劳动的转化,从而使这种劳动成为有效的、可持续的社会劳动。可见,没有创业的产品,创新是不可持续的。进入到市场经济比较发达的阶段,人们总结许多新创企业寿命不长的原因时发现,仅有创新、创业还不够,还必须有创优,只有你的产品在性能、价格、环保、外观、售后服务等各个方面都是最优的,才能占领市场,而且还要不断优化,才能立于不败之地。可见,创新出产品、创业出商品、创优才能出精品,只有精品才能最终实现价值,只有创优才是有效劳动。否则,就是浪费人力、物力、财力和时间。同理,教育活动也是如此。教育必须为社会培养所需要的人才,当今中国社会迫切需要"三创"人才,这就要求各级各类教育主动调整、主动适应。从这个意义上说,"三创"教育缺一不可,必须形成完整的教育体系。在创新和创业整合好的基础之上,才能使创优达到最优。

二、我国高校"三创"教育存在的缺陷

(一)高校"三创"教育共识尚未形成

虽然有的高校积极开展"三创"教育,但"三创"教育的重点各不相同。创新教育的重点是创新能力的培养,要认识创新,重视创新,敢于创新。创业教育的重点一是更新观念,二是培养实践的勇气,三是培养创业定位能力,四是营造创业氛围。创优教育一是提升素质,二是综合运用能力,三是展示综合素质的过程。所以说三种教育思想的着眼点和针对性是有差异的,都存在彼此不能涉及的"盲区",大学若只提倡三者之一,则必然忽视其余二者。因此,把创新教育、创业教育和创优教育综合在一起,熔炼为"三创"教育理念,则会实现优势互补,特色共存,对大学的人才培养将起到很好的指导作用。所以高校应该把三种教育的共识达到最优状态。另外,"三创"型人才的培养是一个系统工程,靠高校自身单兵突进,会面临人才、资金等多方面的制约,高校应拓展视野,在与用人单位的合作中争取"双赢"。

(二)高校"三创"教育研究有待深化

我国现行的教育体制基本上还未脱离应试教育框架,学生的动手能力普遍较

弱，依赖性较强。在这个大背景下，“三创”教育的研究就更应该发挥其主动性和创造性，研究出一套更适合中国高校发展的教育体制新模式。

“三创”教育是教育的最高境界，高等院校均要逐渐实施以“三创”教育为价值取向和教育理念的教育，只有这样，高等学校才能更好应对经济全球化、政治多极化、信息网络化和文化多元化的挑战，高等教育才能在激烈的竞争中争取到更加广阔的生存和发展空间。为了积极推进“三创”教育，每个院校都应该设计和启动新的教学改革行动计划，明确提出培养具有创新、创业和创优精神及实践能力的复合型高级专门人才的教学目标。各高校将探讨改革传统的人才培养模式，改革过去简单地以教师、课堂和课本为中心的教学制度，代之以讲授与自学、讨论与交流、指导与研究、理论与实践等密切结合的互动式复合式的教学方法。与此同时，各学校将学习先进高效的经验，逐渐推行教学目标管理方法、加大奖励政策，鼓励教师开展创新教学、创业教学、创造发明教学、教学策划学、科学研究学、双语教学、多媒体教学、案例教学、研讨式教学等多种系列课程和教学形式。鼓励学生进行探究式学习和研讨式学习，鼓励学生参与科学研究，吸纳学生尤其是优秀学生加入科研队伍，使他们在与教师的合作中，活跃思维，拓宽知识，增加能力。教学院系应组织有兴趣、有能力的学生参加科学实验、技术开发和推广活动以及社会活动。

（三）高校“三创”教育缺乏深入实践

加强实践教学环节是推进“三创”教育和培养“三创”人才不可缺少的措施。高校中凡具备条件的基础课实验室和专业实验室应逐步向学生开放实验内容和实验时间，设置开放性的综合实验，并引导学生积极参与。有条件的高等学校应加强大学生创新实践基地和创业孵化基地的建设，积极推动大学生开展科研活动和创新活动。除充分利用校内的开放实验室或实践中心外，学校应支持建立工程训练中心、大学生创新基地、创造研究中心和校外社会实践基地，为学生提供充足的“三创”教育场所。应特别注重毕业设计（论文）环节的训练作用，题目大多选自于企事业单位的实际应用问题，由学生拟订方案、实验研究、撰写报告（论文），使学生在全过程经受严格训练，培养其严谨的学风和科学的工作方法，提高分析问题和解决实际问题的能力。

（四）高校"三创"教育辐射对象不宽

"帮助每一个学生走向成功"是"三创"的重要教育理念。根据这一理念，"三创"教育和实践应非常关注学生发展，给学生以积极的期望，给学生提供成功的机会、机遇和平台，给学生发展和成功的评价。"以学生为本"是"三创"所倡导的重要教育宗旨。无论是创优、创业，还是创新，学生无疑是主人，而教师则是引导者、参谋员。"三创"的内容是针对当前和未来就业、创业的需求而确定的，具有应用性和实践性，学生理应主动掌握；"三创"的目标也强调因人而异，对通过不同路径达到"三创"目标的成果我们都应予以充分肯定。高校要培养适应经济和社会发展需要的厚基础、宽口径、高素质、强能力的，特别是具有创新、创业和创优精神和能力的"三创"型人才，就必须在大学中大力推进"三创"教育，使广大教师树立"三创"教育理念，并将"三创"教育作为长期坚持的办学思想。

从以上可以看出我国"三创"教育主要是面向在校大学生，单单是这样的一个群体的话，针对的教育对象就比较窄了，就不能在全国范围内大面积地实施"三创"教育，毕竟非大学生还是占很大一部分的。

（五）高校"三创"教育内容有待提炼

首先，"三创"教育是创新教育、创业教育和创优教育的有机统一，三者是一组既有联系又有区别的概念。创新指的是"改良""革新"，强调在原有知识、技术和技巧的基础上有所前进，有所发现，有所突破，体现的是对现有事物的更新和改造，是一个从有到优的过程。创业是"开创基业，创办事业"，强调的是充分发挥个人的聪明才智，充分利用现有条件，开创新局面，辟出新天地，是从优到用的过程。创优就是"创先争优，创造优良品质、创造优质生活"，强调的是人的综合与集成能力。由此可见，创新、创业和创优具有内在的一致性，都给认识主体一种"新"的感觉，都含有"创"的成分，但"创"的程度却不同。因此，创新、创业和创优是互补的，是密切联系、缺一不可的。创新教育、创业教育和创优不仅具有方向上的一致性，在实践上也是一个环环相扣、紧密联结的人才培养过程，把三者统一在一起既是可能的，也是可行的。正是在这种认识的基础上，我们提出了"三创"教育理念。"三创"教育理念来自于创新、创业和创优的教育思想，是把三者有机地融合在一起，作为一个整体概念提出来的，它主要强调大学教育不仅要培养学生的创新精神和创新能力，培养学生的创业精神和创业能力，而且还要培养学生的创优能力和创优思维。

其次,“三创”教育是因材施教的教育。大学生是一个非常复杂的群体,他们具有较强的自主意识、独立思考能力和自我辨别能力,其人生观、世界观和价值观已基本定型,而且,每个学生都有自己的特点,有不同的心理、情感需要,有不同的兴趣、爱好,有不同的理想、追求。教育的一个基本规律就是要遵循学生身心发展的规律,要考虑到学生自身的特点进行针对性的教育,具体到大学教育就更需要如此。令人遗憾的是,现行大学教育往往漠视学生的个性差异,忽视了学生个体不同的发展需求,统一的教材、统一的进度、统一的作业、统一的考试形式实质上是对学生个性的漠视;教师与学生之间交流很少,教学方法上的多样性和灵活性应取代教学上的单调和僵化。“三创”教育力图克服现行大学教育的弊端,倡导因材施教,针对不同类型的学生施以不同的教育。我国著名教育家蔡元培先生主张:“教育者,与其守成法,毋宁尚自然;与其求划一,毋宁展个性。”我们提出“三创”教育的要求,重点培养他们的创新精神和创新能力,使他们能够顺应时代的变革,并且能够根据条件的变化对现有事物有所革新。而对于那些开拓意识强、敢作敢为、具有领导气质的学生实施创业教育,鼓励、引导他们参与社会实践,逐步培养他们的创业精神和创业能力,为他们参与市场竞争、开创新事业做必要的准备。

再次,“三创”教育是以精神和能力为核心的教育。当前,大学教育中存在着这样一种通病:强调知识教育,忽视态度、意识(精神)、素质和能力的培养。在知识教育观左右下的大学教育所培养的人才必然是知识蓄积型人才,这种人才适应性不强,缺乏创新意识和创造精神,更缺乏创业的魄力和创优的思维。科学技术的时代意味着:知识正在不断地变革,革新正在日新月异,所以大家一致同意:教育应该较少地致力于传递和储存知识,而应该更努力地寻求获得知识的方法(学会如何学习)。因此,必须改变知识教育观在大学教育中大行其道的局面,取而代之以精神、能力主义教育观。依据惯例,学校在安排教学过程时总是依据传统的教育目标三级层次:知识,实用技术,态度和技能,而现在则把这一过程逆转过来,即态度和技能,实用技术,知识。“三创”教育就是精神、能力主义教育观在现代的体现,它要求大学教育把培养学生的创新、创业和创优精神与能力置于中心地位,教学活动围绕着精神和能力培养而展开。它要求据此培养出来的人才具有高度的灵活性,视野开阔,认识新颖,学习积极主动,对新异事物、刺激反应敏锐,实践能力强,敢于面对挑战,能够把握时机,打破常规,创造性地开展工作。

最后,“三创”教育是充分发挥学生能动性的教育。教育本质上是一种培养人的社会活动,而人的培养过程不仅需要有高水平的教师,良好的教学环境,更需要学生个体的积极参与。学生的发展是他人不可替代的,发展的主动权应该掌握在学生的手里。“三创”教育以培养学生的创新、创业和创优精神及能力为目的,必然要求充分发挥学生个体的主观能动性,鼓励学生积极主动地学习和参与社会实践活动,使学生的潜力得到充分发展。具体而言,在教学活动中,教师要激发学生的学习兴趣,调动学生的积极性,引导学生思考问题,指导学生开展探索性活动。在课堂教学以外,我们要为学生提供广阔的发展空间,鼓励学生从事科学研究,为学生提供广泛而深入了解社会的机会,在具体的社会实践活动中提高认识,磨炼意志,锻炼能力。总之,“三创”教育前所未有地把学生发展的能动性摆在了至关重要的位置,强调我们和教师要为学生生动活泼地发展提供服务和指导。创新教育、创业教育和创优教育是教育的三个不同层面,三者各有所长,彼此相连,交相辉映,相得益彰。三者的有机结合无疑是当代教育的最高境界。在21世纪,我国教育机构,尤其是综合性重点学校应把“三创”教育作为自己的价值取向和教育理念。

第二节 “三创”教育理念贯穿的艰巨性

虽然实施创新、创业与创优教育有着迫切的必要性和时代针对性,然而真正具体实施“三创”教育却有着相当大的难度。“三创”教育的整体推进毕竟是教育研究的一项新课题,“三创”教育整体性地嵌入教育实践也是一个复杂的过程,很多学校也需要为“三创”教育融入办学育人全过程做出艰苦的努力。所有这些无疑为实施“三创”教育增添了极大的难度。

一、“三创”教育整体推进是教育研究的新课题

“三创”教育是在创新教育和创业教育不断深化的基础上产生的,是在解决创

新、创业在实践中遇到新问题的情况下形成的。创新需要价值导向，创业需要优质支撑，创优由此应运而生。在这样的背景下，如何将“三创”教育整体推进无疑成为教育理论研究、教育实践研究和教育制度研究中的一项崭新课题。

（一）“三创”教育整体推进着眼于教育理论的新进展

教育理论是教育的相关概念、范畴、原理、规律等的综合性体系，也是对教育实践进行系统化后的一种理性认识。教育理论以其缜密的逻辑性、周严的系统性和内涵的全面性而成为一种具有高度抽象化、概括性的理论知识。教育理论来源于教育实践，科学的教育理论是在教育实践基础上产生并经过教育实践检验和证明的理论，是对教育实践的高度概括和提升，也是对教育实践内在本质和规律的正确反映。教育理论的产生和发展虽然由教育实践决定，但也有其自身的相对独立性。教育理论内部具有一定的结构和范式，从事教育理论研究的人员可以对教育理论进行再创造和再解读。虽然创新教育理论、创业教育理论和创优教育理论已经在不同层面进行了大量有针对性的研究，并取得了相应的丰硕的成果。然而，仅仅进行某一方面的教育理论研究无法展现教育活动的过程性和复杂性，将“三创”教育理论进行整体性、系统性的深入研究，正是着眼于教育理论研究的现状，有利于进一步推进教育理论的发展。

（二）“三创”教育整体推进着眼于教育实践的新现象

随着《国家中长期教育改革和规划纲要（2010－2020）》等教育顶层设计的相继推出，各地在探索本土化教育方式方面出现了很多新的实践模式，成为近些年来我国教育改革的新亮点。以基础教育为例，山东的“杜郎口教学模式”是山东省茌平县杜郎口中学自1998年以来不断尝试新的课程改革、践行学生主体地位而逐渐摸索创造的高效课堂教学模式，这种模式经过了一个由“乱”到“治”再到“改”、由单项改革到整体改革的艰难发展道路，最终成为享誉全国的薄弱学校转型的成功案例。而江苏洋思中学在教学过程中采用“先学后教、当堂训练”的教学模式，较好地培养了学生的自学能力，不仅减轻了教师和学生的负担，而且有效解决了后进生的问题，也成为一种有效的教育模式。东北师大附小所倡导的“开放式·个性化”办学理念，对小学教育的综合化改革进行了大胆而有创建的实践。其实，近些年来的教育实践还有很多新现象。而所有这些新现象都有一个共同点，那就是都在进行创新教育，培养创新人才；都在进行创业教育，培养学生的职业认同以及对社会的认知;都在进行创优教育,不断引导学生超越自我、追求卓越。因此,“三创”教育整体推进正是着眼于教育实践的新现象而提出的一种教育模式。

(三)“三创”教育整体推进着眼于教育制度的新要求

作为在教育活动过程中对学校、教师、学生各种行为规则或规范的高度集成,教育制度正借助规定学校、教师和学生具体的职责、权利和义务等使教育过程中的个体或组织明确什么事情可做或不可做、事件应或不应怎么样处理等,从而发挥制度对教育行为的规训和约束功能。而教育制度之所以能产生规训和约束功能,正在于教育制度是基于教育实践的基础上所订立的一种符合教育发展规律的一种文本性约束条件,在符合大多数人意愿的基础上彰显出强烈的权威性和强制性。因此,随着教育实践的不断发展,教育制度也必然发生修订、调整、更新或剔除等一系列措施。当前,我国各地教育实践已经取得了十分丰硕的成果,国家层面统一的教育制度已经难以满足各地进行创新教育的实践诉求。而各级教育实践也具有不同的表现方式,学前教育、初等教育、中等教育和高等教育在不同层面也表现出对统一性教育制度的个性化要求,需要进行创新性的贯彻落实。同时,普通教育与职业教育的分离也在一定程度上需要重新整合教育的发展方向,发挥教育在培养人的职业倾向、职业意识等方面的作用。因此,创新教育、创业教育与创优教育正是着眼于教育实践的不断发展对教育制度所提出的新要求而进行的整体推进。

二、“三创”精神整合嵌入教育实践是一个复杂的过程

教育实践的复杂性表明,任何一种教育理念或教育方式融入具体的教育过程中,都需要教育观念的更新,树立科学而合理的人才观,进而有助于提高教育质量,只有这样的教育才能真正得以贯彻落实。而“三创”教育思想嵌入教育实践之所以是一个复杂的过程,正在于“三创”教育思想的有效嵌入是教育观长期博弈的过程,“三创”教育内容的有效嵌入是人才观逐步统一的过程,而“三创”教育方法的有效嵌入则是质量观不断调整的过程。

(一)“三创”教育思想嵌入是教育观长期博弈的过程

康德以来的新要素主义一直倡导培养人的理性精神、理性思维和理性能

力。这种教育观通过培养人的理性品质来验证人的教育选择，推进人不断反思现代社会对人的教育方式，不断让人在现代性的基础上追求合乎人性的教育观念。为此，从这种理性教育观诞生之日起，便迎来了批判、反思理性的浪潮。理性教育观以知识、经验的理性化为主要模型，在缺乏人情味、生动趣味性的同时也可能变得冷漠、死板，让人对知识和经验的习得失去了兴趣。而这必然引起人们对后现代教育观的欢迎，那些反本质主义、反基础主义以及解构主义等后现代教育观全面拆解和批判以“理性”为核心的传统理性思维方式，进而凸显后现代的非理性认识方式和教育方式。① 因此，任何一种教育观融入教育过程都是一个博弈的艰苦过程。“三创”教育思想是创新、创业与创优教育理念的高度集成，要想真正嵌入教育实践，必然要历经复杂的过程，这也正是“三创”教育实施艰巨性的重要表现。

（二）“三创”教育内容嵌入是人才观逐渐统一的过程

作为教育的首要功能，人才培养始终成为各级各类教育最为关注的要素。然而，什么样的教育内容才能培育出真正的人才？不同的教育内容能培养出什么样的人才？回应这些问题的一个重要前提便是我们要树立正确的人才观。每个人的存在都对社会产生一定的价值，这些价值有大有小，有多有少，但只有那些能够对社会发展做出重要贡献的人，才能真正称得上是人才。面对应试压力，很多教师都将分数较高的学生作为人才来看待，结果很多“三好学生”只有学习成绩较好，而身体素质和道德品质并不好。这种错误的学生观极易造成人才培养的失误，不仅对成绩较差的学生产生负面影响，而且也不利于成绩较高的学生的长期发展。面对市场经济压力，很多企业将那些能跑市场、搞好销路的员工称为“人才”，然而任何企业都不能仅仅追求经济效益，而不注重企业的社会效益，这种错误的人才观不利于充分调动人力资源优势，保持企业长期发展。而很多不同的人才观之所以难以统一，正在于学校对所开展的创新教育、创业教育和创优教育具有不同的理解。因此，“三创”教育内容的有效嵌入也是人才观逐渐统一的长期过程。

---

① 于伟：《教育观的现代性危机与新路径初探》，教育研究 2005 年第 3 期，第 54 – 56 页。

(三)“三创”教育方法嵌入是质量观不断调整的过程

质量是企业发展的生命线,也是教育发展的核心要素。党的十八大以来,“提高教育质量”已成为党和国家关注教育发展的关键词,也成为各级各类教育深化改革的核心目标。然而,如何衡量教育质量成为摆在理论研究者和教育实践者面前的首要问题。有的教育专家认为,那些能促进学生全面成长的教育就是高质量的教育,因为教育发展的核心是人,只有人的全面发展才是教育发展的主旨;有的基础教育工作者认为,那些能提高学生分数、帮助学生考上理想大学的教育就是高质量的教育,毕竟升学考试是学生面对的首要问题;有的从事教育实践的高校校长认为,能够为经济社会发展服务的教育就是好的教育,没有任何应用价值的教育是失败的教育。其实,还有很多教育质量观在拷问着人们对教育的看法,而随着教育改革的逐步深入,教育质量观在不断调整的过程中需要适合的教育方法。不同的教育方法会产生不同的教育质量,而利于创新、创业和创优的教育方法不断嵌入的教育实践过程,必将促进教育质量观的进一步调整。

三、“三创”教育成为学校自觉尚需艰苦努力

创新、创业与创优教育融入各级各类教育之所以如此艰难,还在于“三创”教育在学校发展中面对着强烈的时代化诉求,需要努力适应时代要求;“三创”教育在学校教育中面对着一定的碎片化现象,需要努力构建完整体系;“三创”教育在学校改革中面对着迷离化推进的现象,需要努力明晰推进路径。而所有这些努力都需要学校自觉做出符合学校发展要求和人的成长要求的现实探索。

(一)“三创”教育在学校发展中的时代化诉求——努力适应时代要求

当前,我国经济在发展的过程中正面临着资源短缺、竞争激烈以及冲突频发等一系列挑战。相关数据表明,我国约40%的企业在开业一年内就纷纷倒闭,能生存五年的只有大约20%。虽然美国是市场经济非常发达的国家,国民创建和经营管理的企业素质普遍较高,但在2002年新成立550100家企业的同时,登记破产的企业也高达38155家。而据保守估计,当前我国大学生创业公司的失败率大约

为 90%。虽然创业初期很多大学生都很乐观,但绝大多数都未能成为胜出的 10%。[①] 显然,创业型经济发展的波折也折射出我国教育发展方式的弊端。而如何实现创业与创新、创优的有效融合,正成为当前时代对教育发展所提出的新要求。为此,“三创”教育应努力适应时代发展的强烈诉求,学校在发展过程中应积极实施具有内在逻辑的创新、创业与创优教育,并自觉践行教育发展的科学化思路,推动“三创”教育在学校发展中产生更大的效益。

(二)“三创”教育在学校教育中的碎片化现象——努力构建完整体系

教育发展的整体过程表明,教育对象受主观因素影响,在接受教育的过程中表现出鲜明的学段性特征。这就是说,学生在不同学段内适用不同程度和深度的教育内容、教学方式与课程方案。当前,创新教育、创业教育与创优教育分别在不同学段有着不同的教学体系。以创业教育为例,当前我国的创业教育重心仍仅仅局限于高等教育阶段,很多高校和职业院校纷纷开展创业教育,成人教育、继续教育中的创业教育较为明显。但与之相反的是,在学前教育、基础教育阶段,创业教育仍处于起步阶段。面对“三创”教育在学校教育中的碎片化现象,学校应整体性构建创新、创业与创优教育体系,打破三者“各自为政”的教育壁垒,打通三种教育方式的具体操作过程。而这种艰辛的探索过程也正需要学校大量的资源投入与合理的制度设计,才能真正保障“三创”教育的有效实施。

(三)“三创”教育在学校改革中的迷离化推进——努力明晰推进路径

随着我国教育改革逐渐步入“深水区”,学校改革作为其中的子系统也面临着迷离化的现象,尤其表现在创新教育、创业教育与创优教育三个方面上。虽然我国学校教育一直在强调创新教育,但为什么单一的创新教育难以培养出创新型人才？反思当下所进行的创新教育,就会发现有很多难以化解的问题存在,而这恰恰需要学校在改革的过程中予以回应。同时,创业教育在很多高校正被“热炒”,但高校所开设的创业课程、所提供的创业实践,能够真正转化为学生的创业热情和创业行动吗？高校就业之难足以说明我国当前所进行的创业教育效果不佳。为了更好地实施创新教育、创业教育与创优教育,需要在学校改革的过程中明晰

---

① 中华人民共和国教育部高等教育司:《创业教育在中国:试点与实践》,高等教育出版社 2006 年,第 16 - 17 页。

其发展路径。在深入理解国家教育发展顶层设计的基础上,积极关注区域内教育发展的整体态势,努力设计符合本地区、本校的改革策略。只有学校自觉为实施“三创”教育付出努力,创新型人才、创业实践者以及追求创优的人才才会逐渐产生,而学校也会在“三创”教育实施的过程中提升教育质量,释放改革潜力,创设发展氛围。

第三节 推动高校“三创”精神不断深入的对策

一、树立科学的“三创”教育观

（一）树立“三创”教育人才观

高校应围绕人才培养目标,全面修订人才培养方案,建立普及性和系统性相结合的创新创业教育课程体系,为“三创”人才的培养提供有效措施与平台。

1. 确立培养“三创”人才的办学定位

高校要为创新人才培养制定明确的目标和科学的人才培养模式。当前,我国高等学校在定位和办学指导思想方面存在趋同的现象,应鼓励各类学校明确自身所处的位置,在各自的层次上办出高水平,从而由共性的教育观念向特色的教育观念转变,形成学校定位多样化。改变单一的“传授知识—接受知识”教学模式和简单地以教师为中心、以课堂为中心、以考试为中心的“三中心”教育制度,调动教与学,教师与学生两方面的积极性。高校要围绕“创”字来确立自己的人才培养模式和教学方法,积极推进讲授与自学、讨论与交流、指导与研究、理论学习与实践学习、课堂教学与课外活动,确立创新、创业与创优相结合的多样化人才培养的办学定位。

2. 制定“三创”人才的培养模式

“三创”型人才的培养模式,即“三创”教育入门、“三创”教育基础课、结合专业知识进行创造实践,简称为“三段式”。首先是对新生进行科技引导及“三创”入门教育,使新生树立“三创”意识,感受知识经济和创新环境。具体来说,可以通过听有关“三创”教育的讲座,参观校内外发明创造竞赛的成果展览等,从而培养新生开阔的胸襟和坚定的意志，为其日后走上创业之路奠定基础。其次，在大二和大三阶段，全面培养学生的“三创”能力，应利用课外时间让学生初步尝试自己的创造和创新能力。最后，在大四阶段，学生应该运用和实践“三创”思维，开展“三创”活动，锻炼自己的“三创”能力。在这种培养模式中，创业能力的培养贯穿始终。这是因为创业能力的培养是在知识、智力、能力、素质协调发展的基础上构建起来的，知识、智力、素质、能力是这一模式的四个基本要素。大一阶段着重于掌握基础知识，知识是开发智力、形成能力和素质的基础；大二、大三阶段主要是素质的形成和提高，促进知识的更快获取和拓展，促进智能的更大发挥和发展；到了大四，创业主体利用自身素质的潜能，使自己的思维力得到提升。而经过各种能力的优化组合，使自己的创造力也相应地得到提升，最后经过思维力和创造力的结合，形成创业能力，从而使自己成为创业人才。

（二）树立“三创”教育质量观

“质量”是立校之本、强校之基，是学校发展的生命线，创新创优学校教研文化、构建优质高效的课堂教学是提高教学质量的关键。新课程实施以来，高校注重引导教师积极投身学校教研文化的实践与研究，努力提高教育教学质量。一是努力构建高效课堂。根据新课程三维教学目标，高校应积极开展课堂模式创新活动，以严谨的态度和创新精神进行精心的教学设计，逐步形成“善导·互动·精练·反思”的课堂教学模式，构建平等、民主、和谐、共进的教学关系。强化有效教学思想，注重先学后教，以学定教，先教后学，以教导学，温故知新，学以致用。通过集体备课、听课评课、反思修改，逐步形成有效课堂标准，不断探究构建高效课堂的途径和方法。二是切实加强课题研究。在创新创优教研文化的实践中，高校应坚持增强科研意识求发展、营造科研氛围求提高、开展课题研究求升华、推进课程改革求突破。高校还应遵循“问题—设计—行动—反思—再行动—问题解决”的步骤，建立“国家—省—市—校”课题研究体系。①

（三）树立“三创”教育发展观

科学的教育发展观，既要满足当前的教育发展需求，又要符合今后一个时期的教育发展趋势，要与满足社会需求、满足学生学习需求、满足学校和学科发

① 陈媛，肖云龙：《我国高校角色错位现象的生态位思考》，《交通高教研究》2003 年第 2 期。

展需求联系在一起,并起到促进三者相互协调、健康发展的作用。大自然给每一个人或每一群人都提供了一个适应其生长的特殊环境—生态位,且每一个生态位都具备一定的优势。各个区域在调整高等教育结构时,既要尊重历史和现状,又要研究不同类型的高等学校,发现每个高校的优势,遵循生态位规律去实现各个高校的可持续发展。高等教育在近几年的发展中,已基本形成多元化的高等教育结构体系,但是在实践中还未真正形成与市场经济需要相适应的合理竞争的生态格局。在不同类型的高等教育机构中存在越位、错位、争位、缺位等不正常现象。不同类型的高校,办学方向不明确,缺乏竞争活力,不利于可持续发展。为此,每个区域的高等学校必须合理定位,而正确定位必须突破传统,通过观念创新来实现。

"三创"教育的发展观应该以创新教育发展观为核心。创新教育是指以发掘人的创新潜能、弘扬人的主体精神、促进人的个性和谐发展为宗旨的一种新的教育理论和模式。它集中体现了教育的民主化和个性化特点,注重对个体的强调,对主体主观能动性的重视。创新教育价值观的核心在于教育主体在教育价值选择中的主体性的彰显。因此,确立创新教育价值观,既要创设良好的外部条件,又要充分发挥主体的主观能动性。发挥教育主体的主动性和自觉性,将创新教育真正内化为教育主体自觉的价值选择,推动创新教育的有效贯彻落实,这也是科学发展观的要求。

二、建立健全"三创"教育制度体系

(一)建立"三创"教育的管理制度

建立适应"三创"型人才培养模式的领导体制和教学管理制度是推进"三创"教育和培养"三创"型人才必不可少的条件。

教育创新要求建立以学习为中心,以学生为导向,具有选择性、自主性、衔接性、开放性和个性化的学习制度。这种学习制度是充分展示大学生自主性、能动性和创新性的根本保证。因此,在高等院校教学管理过程中,要坚持因材施教的原则,在适当的范围内,允许学生辅修第二专业,攻读第二学位;可试行"弹性学分制""大学生创业基金"及"大学生创新实践基地"等多项教改政策和制度;鼓励学生参加科学研究和技术开发;支持学生参加各类社团活动,发展个人的兴趣爱好,形成自己独特的品质和风格。这些都有利于学生的创新意识、创造能力和创业精神的培养。

可以创办创业园或科技园。“三创”活动的主旨是鼓励学生进行社会创业，使创业成为学生发自内心的需要和追求。这就需要学生在学习期间寻找一个创业的支点，支撑起学生感性体验和理性把握创业的活动。创办创业园或科技园是我国高校最典型的创业教育和创业实践。基本做法就是把社会资源引入创业园中，创业园将科技工作者和学生吸引入园从事科研活动，以各种方式指导学生自主设计、创办、经营商业企业或科技公司，从事商务活动、技术发明、成果转让、技术服务等。

（二）建立“三创”教育的评价制度

所谓教育评价，是指通过系统收集相关信息和数据，对教育的活动、课程、人员、资源、政策等方面的效果进行价值判断，看其是否有利于促进学校的发展、教师和学生的发展，“三创”教育评价制度当然也是包含在教育评价制度之内的。在我国这样一个人口基数大、经济发展不均衡的国度，教育事业的发展有着特殊之处，教育评价相较其他国家也有着不同之处。因此应该建立健全教育评价制度，改进问题，提升教育评价价值。

1. 坚持多元价值取向

学校评价的价值取向应是多元的，改变旧的价值取向，把握学校评价的核心。学校评价的多元价值取向，首先在于从学校的办学硬件条件、办学资质的审查过渡到对学校教育质量的审查。以往注重办学硬件、办学资质也是无可厚非的，是当时教育评价的一种需要。而今，社会的发展对学校教育提出了更高的要求，要求学校培养出综合素质过硬的学生。其次，学校从以前“唯分数”和“绩点”过渡到“重品行”的评价。“重品行”的教育新纪元理应开启。假如一所学校培养了众多的有学识之才，但他们在品行上却表现得不尽人意，这些有学识但品行败坏的“人才”对社会的破坏力或许比没有才能的学生更大，更别提什么贡献。因此，教育评价应该把学生的品德考察作为一项重要内容。

2. 引入多元评价主体

以政府为主导的教育评价制度在一定程度上对我国教育的发展起了积极的作用，但是社会在不断进步，对教育的要求也越来越高，那么教育评价制度就需要相应地引入更多的新鲜血液，评价主体就要不断地多元化。首先，继续坚持以政府为主导的教育评价制度。在社会主义的中国，政府有着无比的优越性。政府可以集中力量办大事、办难事，解决一般机构和社会力量不能解决的问题。政府对学校的评价，是秉承对自己的执政权力负责这样一种理念，“权为民所用”，教育要服务于人民，这是其他评价主体所不能达到的目的。其次，引入并规范第三方评价机构。第三方的教育评价能够客观公正地反映学校的真实情况，在以政府为主导的评价制度下，委托第三方评价机构对评价的内容、评价的方式方法、评价工具等方面做出支持。最后，吸纳校外人士参与学校评价。校外关心学校教育发展的有关人士参与教育评价，既有利于学校集思广益、促进自身发展，又可以加强学校与社会的沟通交流，使社会了解教育评价的流程与目的，普及学校的办学理念。

3. 探索灵活的评价模式

打破已有固定、僵化的评价模式，有效提高评价的效益。首先，评价应该是定期评价与不定期评价结合的模式。不定期的评价一方面防止因时间固定，学校提前做好相应准备工作而不能反映学校的真实情况这一现象的发生，有助于评估到学校的真实发展水平。其次，评价模式中的评价主体与评价对象不固定。评价进行之前对评价专家进行分组，评价的学校也应该由抽签决定。这种评估模式一方面可以有效杜绝评价专家与学校之间的提前勾兑，避免评价的不公正；另一方面有利于评价模式自身的不断完善。最后，灵活的评价模式还在于内容的标准化和与时俱进。前面两点提到的措施需要内容评价的标准化作为支撑，评价专家事前对学校情况一无所知，但是专家必须明确评价的事项是什么，评价方法的掌握也是至关重要的，因此标准化的评价内容是重要的基础。

（三）“三创”教育保障制度

随着高等教育大众化水平的不断提高，各高校为了保证教育质量都要以教育评价为手段建立校内教育质量保障体系，开展一系列教育质量管理和监控活动。高校教育质量保障制度是指人或组织在开展高等教育质量保障活动时所遵循的一系列行为规则，它属于高校管理制度的范畴，是学校管理制度中的有机组成部分；它涉及教学管理制度、教师管理制度、学生管理制度和质量评价制度。构成高校教育质量保障制度包括四项基本要素：角色规定、行为规定、度量标准和奖惩措施。在高校系统中,教育质量保障制度一旦建立,每个人都必须贯彻执行,这就是强制性。教育质量保障制度具有约束性,它决定着人们在从事教育、教学活动时所要遵守的一系列约束,给人们的行为规定了边界,使人们知道能够干什么、必须干什么、不准干什么。教育质量保障制度还具有引导和激励性,通过一系列制度来引导每个人采取正确的教育、教学行为,防止不正当行为的发生,从而激励大家不断前进,使人们的教育、教学效果达到预期的目标。教育质量保障制度还具有动态发展性,因为在执行过程中,必须随着时间的推移和外界环境的变化而进行不断地改革和创新,否则陈旧的制度会成为阻碍教育质量提高和学校发展的因素。教育质量保障制度通过影响个人或组织的教育、教学行为等影响整个高校可持续发展的历程,它的有效性会随着时空关系的改变而变化,必须不断地进行创新。

高校在构建内部教育质量保障体系的过程中,一定要加强制度创新,牢固树立依法治教的思想,重视教育质量保障制度的科学性、民主性、合法性、合理性,克服其中的弊端,增强教学质量管理的柔性、教育评估的多样性和教育管理的服务性。

三、加强“三创”教育教师队伍建设

全面提高教师素质,是推进“三创”教育和培养“三创”型人才的关键。在培养“三创”型人才的过程中,教师首先要有“三创”精神和能力。针对当前师资力量结构性不足的现实,本着“请进来、走出去”的原则,通过“选、引、聘、挂”等方式,从校内选拔一批专业教师和就业指导教师。大学生的“三创”能力除了来自社会的引导和个人的努力外,最主要的还是来自教师的影响和号召力。大学生的“三创”潜能能否被充分开发,创新意识能否被有效培养,更多地与教师的思想观念、思维方法、教学方式、师德修养、个性特征、兴趣爱好等息息相关。因此,实施“三创”教育,必须有一支具有创新精神和创新能力的高素质的教师队伍。这样的老师对学生的创造能力和创新精神的发展能起到良好的示范作用;这样的老师具有开放性的人格和宽容理解的良好心境,能够营造出和谐民主的教学氛围,善于发现和开发蕴藏在学生身上的潜在的创造性品质。

（一）导入高尚的职业价值观

“教师是太阳底下最光辉的职业”，“教师是人类灵魂的工程师”，教师这个职业是神圣的，是伟大的，党和政府还专门为教师设立了一个节日，这也是其他职业所没有的殊荣。中国自古以来就有尊师重教的传统，教师一直是人们尊敬的职业。爱岗才能敬业，德乃师之灵魂。教师是青少年学生成长的引路人，教师的理想信念、道德情操、人格魅力直接影响学生的思想素质、道德品质和行为习惯的养成。学生喜爱老师，就会更顺畅地学习所讲授的内容。所以，加强对教师职业观的教育，培养教师爱岗敬业的精神，是培养和谐教师队伍的重要内容。要大力加强和改进教师思想政治教育、职业理想教育、法制教育以及心理健康教育，要组织教师学习党的基本理论和国家的重大方针政策，引导教师关心国家大事，热爱教育事业，热爱学生，增强责任感；要加强师德宣传，树立师德典型，大力褒奖人民教师的高尚师德。

（二）营造和谐的工作氛围

人们常说“文人相轻”，知识水平高的人之间很难相处。学校的教师群体就是文化层次比较高的一群人，他们之间的“相轻”是难免的。因此，培养良好的教师队伍必须让他们由“相轻”变为“相助”。首先要了解教师，了解他们的个体差异和各自的需要，只有知其求，才能供其需。其次，用集体主义观念去教育他们，感召他们，使他们拥有一种以校为家的归属感与自豪感。例如，组织教师团队代表单位外出比赛，外出参观旅游，校内集体联欢等，培养他们的集体观念和团队精神。从而淡化私人间的“恩怨”。

（三）确立清晰的目标，培养共同愿景

学校要为教师制定目标，教师也要有自己的目标。当教师的目标与学校的目标一致时，便形成了共同的愿景，从而激励每个教师为这一共同愿景去奋斗。例如创建示范学校、创建安全文明校园等目标确定后，大家就会齐心协力为这一共同愿景去努力，从而培养了团结协作的精神。

（四）进行准确的教师定位

教师是人不是神，而人就具有人的两种基本属性，即经济人与社会人。经济人的教师不可能不关注自己的私利与经济报酬，这其实也是教师生活与发展的基本需要。同时，教师也是社会人，需要别人的关心、理解、支持与鼓励。只有给教师准确定位，才能在教师的团队建设中做到有的放矢，满足教师的需要。

（五）确立新的学校发展观

教师队伍的培养是与学校的发展密不可分的，只有充满生机与活力的学校，只有锐意进取、开拓创新的领导，只有宽松和谐的校园环境，才能吸引住教师，才能更好地打造团结协作的教师队伍。因此，学校的领导要有发展的眼光。

1. 建构全新的人才观念平台

学校是人才汇集的地方，但学校中的人才，也有层次之分、类别之分。因此，学校领导分配使用应因人而异、因科而异、因岗而异，做到人尽其才。近年来，教育部门实行的岗位竞争制、全员聘任制、绩效工资制，正适应了新的人才观的要求。提拔使用人才时，应任人唯贤，能者上、庸者下，奖优罚劣，公平竞争，这样才不会导致人才浪费和人才流失。

2. 实施有效的教师培训

不管是新教师，还是老教师，知识总有老化的时候。只有不断地对教师培训，给教师充电，才能保证教师在教学中游刃有余。教师培训既是学校发展的需要，也是教师继续学习的需要，有利于调动教师的积极性。

3. 完善先进的绩效评估体系

对教师的考核、评估是教师团队建设中不可缺少的一环。只有赏罚分明，做到公平、公正、公开，才能激励先进，鞭策后进。因此，评估体系的科学性、完善性至关重要。学校在评估方案的制定上，应该针对实际，切实可行。

四、加强“三创”教育组织与领导

由于教育是特殊的，因而教育组织与领导也只能是一种特殊的道德艺术。中国教育是一个大系统，这个系统由各级各类的组织构成，这些组织之间存在各种各样的联系，最主要的联系就是行政管理关系，每一个教育组织都能够找到它的归属组织，这个组织往往就是它的管理组织。国家、省、市、县各级教育同类组织之间存在业务指导关系，相互影响较大。学校是在这些行政性教育组织领导下的最广泛最具有组织特点的基层教育组织。中国教育的性质就是各级各类教育组织的性质的集中体现，中国教育的功能就取决于各级各类教育组织的功能。中国教育从整体上实现由传统教育向现代教育的转型，是以各级各类教育组织由传统教育组织向现代教育组织的转型为基础的,各级教育组织的性质与创新能力决定着我国教育整体的性质与创新能力。改造中国教育,应该从改造具体的教育组织入手;提高中国教育的教育创新能力,应该从提高每一个教育组织的教育创新能力做起。也就是说,中国教育创新这一伟大的事业,具体地表现为各级各类教育组织的教育创新,中国教育改革与发展的希望和前途也取决于教育组织的创新。所以,应尽快提高各级各类教育组织的教育创新能力。